weissbooks.w

Zwischen den Büchern
Wie mich die Liebe in der Buchhandlung traf
Lauter wahre Geschichten

Herausgegeben von
Martina Bollinger und Rainer Weiss

weissbooks.w

Zwischen den Büchern

Für Matthias
Für Elvira

Inhalt

Vorwort

Kennen Sie das?
Erinnern Sie sich?
Oder wollen Sie es einmal wieder spüren?

Dieses Flimmern im Körper, diese Schmetterlinge im Bauch, diesen herrlichen Adrenalinrausch, den Sie in allen Fasern des Körpers spüren? Diese Beschwingtheit, die einen leicht sein und schweben lässt? Ja, dann wissen Sie, was es heißt, frisch verliebt zu sein (obwohl Sie »den Richtigen« oder »die Richtige« schon gefunden haben) oder, noch besser, Sie sind es gerade!

Die Erinnerung an diese – oft so schwer zu beschreibenden – Gefühle und eine Begegnung mit einem Schriftsteller gaben mir den Anstoß, endlich das Buch zu machen, über das ich schon lange nachgedacht hatte: über die Liebe zwischen Büchern.

Es ist Jahre her, da hatte ich eine wunderbare Liebesgeschichte gehört, die in einer Buchhandlung begann. Sie war so ergreifend, dass ich von diesem Zeitpunkt an ein ganz besonders aufmerksames Ohr für solcherlei entzückende Kennenlerngeschichten entwickelte.

Im November vergangenen Jahres war dann Titus Müller zu Gast in meiner Buchhandlung. Wer ihn kennt, weiß, dass er ein überaus charmanter Mann ist, höflich, freundlich, zuvorkommend, liebenswürdig, man könnte sagen: ein Schatz. Ich selbst war frisch verliebt und hätte am liebsten nur von meiner neuen Liebe erzählt, aber es war alles noch so ungewohnt, dass ich zunächst viel zu schüchtern war, ihm davon zu erzählen. (Ich wusste übrigens nicht, dass ich – nach einer ziemlichen langen Ehe – überhaupt noch zu derlei irritierend schönen Gefühlen fähig war. Dass es den Blitzschlag tatsächlich gibt, der einen treffen kann, in Gestalt von Amors Pfeil.)

Am Ende hielt ich es natürlich doch nicht aus, und habe Titus Müller an jenem grauen Novemberabend alles erzählt. Und der hat wiederum mir seine total romantische Geschichte erzählt. Wie es bei ihm war, als ihn der Blitz traf, und was aus seiner wunderbaren Begegnung zwischen Büchern geworden war. Was ich hörte, verzückte mich –und ich beschloss, aus seiner und anderen vergleichbaren Erfahrungen ein Buch zu machen.

Titus war sofort Feuer und Flamme und unterstützte mein Vorhaben. Ich bat ihn, seine Geschichte aufzuschreiben, sie sollte die erste in meiner Sammlung werden. Nach einer Woche lag sie auf dem Tisch, und gleich war das Licht in meiner Buchhandlung ein wenig heller, die Stimmung noch besser als sonst. Dann rief ich bei weissbooks.w an, wo sich sofort eine Tür öffnete. Die Verlegerin sprach mit Rainer Weiss, der mir, ebenfalls sofort, seine Unterstützung als Co-Herausgeber anbot.

Bis jetzt war jeder, dem ich von meiner Idee »Zwischen den Büchern« erzählt habe, begeistert. Man glaubt ja gar nicht, wie viele Menschen sich in Buchhandlungen oder Literaturhäusern und an anderen Orten des Lesens kennen- und lieben gelernt haben. In keinem Internet-Forum macht es vermutlich so viel Spaß, einander offen und neugierig zu begegnen, wie in einer Buchhandlung. In keinem, sage ich, in keinem …

Rainer Weiss und ich wünschen viel Vergnügen bei der Lektüre!

Martina Bollinger

Wenn Sie selbst auch eine solche Geschichte zu erzählen haben, die mit, unter, über oder zwischen Büchern begann – schreiben Sie sie mir! Sie wissen, ich sammle … buch@liebe-zwischen-buechern.de

Titus Müller

Im Literaturhaus die Frau fürs Leben finden

Bin ich schüchtern? Ich bin's nicht, wenn ich auf einer Bühne stehe und über eines meiner Bücher erzähle. Aber ich bin's immer gewesen, wenn ich mich verliebt hatte. In solchen Situationen wusste ich nie, was ich sagen und wie ich meine Gefühle ausdrücken sollte. So kommt es, dass ich überhaupt zu schreiben begonnen habe: Ich war unglücklich verliebt und wusste nicht, wohin mit mir. Also schrieb ich Gedichte. Nach zehn Jahren Übung – inzwischen war ich zu Romanen übergegangen – brachte es mir die Traumfrau ein.

Ich bin zu einer Lesung im Literaturhaus München eingeladen. Es ist der 12. September 2007. Ich betrete den Saal mit seinen beeindruckenden weißen Bücherregalen. Die Musikerinnen sind schon da und scherzen, vor allem eine fällt mir ins Auge, auch ihr Lachen besticht, es ist so unbeschwert. Wir sprechen über den Ablauf. Bald sind alle Plätze im Saal besetzt. Die vier Musikerinnen gehen mit mir auf die Bühne, mein Lektor Gunnar Cynybulk hält eine kleine Einführung, und dann wechseln die Musikerinnen und ich uns ab, ich lese eine Passage, sie spielen ein Stück. Immer wieder sehe ich zu der einen jungen Frau hinüber. Sie scheint nicht aufgeregt zu sein, sie singt, spielt Blockflöte und Percussion-Instrumente.

Gut fünfundsechzig Leute sehen dabei zu, wie ich mich verliebe. Darunter mein Lektor und einige Autorenkollegen, die gekommen sind. Ich bemühe mich, den Kopf nicht so oft zu ihr hinzuwenden, wie ich es gern täte. Nach der Lesung signiere ich Bücher und prüfe immer wieder, ob sie noch im Raum ist. Wir haben einen intensiven Blickwechsel (den sie bis heute bestreitet). Ich hätte die Gelegenheit, mit ihr zu reden. Aber was soll ich sagen?

Schließlich ist sie fort, und ich habe nicht einmal ihren Namen erfahren. Aufgewühlt gehe ich mit dem Lektor und den Kollegen hinunter in die Brasserie *OskarMaria* und wir essen eine Kleinigkeit. Dann bringt Gunnar mich zum Hotel, wir spazieren durch die nächtliche Stadt München, reden über das nächste Manuskript. Ich erwähne mit keiner Silbe, welcher Aufruhr in mir herrscht.

Im Hotelzimmer nehme ich mir vor, jetzt drei Tage zu warten und zu sehen, ob sich der Sturm legt. Ich fahre am Morgen nach Hause, packe den Koffer aus. Ich gehe einkaufen, koche, schreibe am neuen Roman. Aber ich kann die junge Frau nicht vergessen.

Eine Professorin der Münchner Musikhochschule hat die Musik zur Lesung arrangiert. Ich schreibe ihr, dass ich mit der einen, die links stand bei den Musikerinnen, gern Kontakt aufnehmen würde.

Ihre Antwort fällt knapp und kühl aus. Sie werde beim nächsten Unterricht nachfragen. Einverstanden ist sie nicht, das merke ich. Später erfahre ich, was sie ihrer Studentin gesagt hat: »Tu das nicht. Der hat in jeder Stadt eine.«

Offenbar habe ich auf der Bühne souveräner gewirkt, als ich bin.

Zum Glück hat die Studentin in den vergangenen Tagen auch immer wieder mein Foto auf dem Buchrücken betrachtet und wehmütig gedacht: Den sehe ich nie wieder. »Doch, er soll mir schreiben«, erwidert sie.

Endlich erfahre ich ihren Namen. Sie heißt Lena. Von nun an finde ich keinen Namen auf der Welt schöner als diesen. Leider lebe ich fünfhundert Kilometer von München entfernt. Wir schreiben uns Mails, verabreden uns. Unser erstes Date: im Literaturhaus in Nürnberg. Lena ist mit einer Exkursion der Musikstudenten in der Stadt, und ich wegen einer Lesereise in der Nähe. Sie trinkt einen Orangensaft, ich einen Cappuccino, und wir reden nicht über Bücher.

Nach anderthalb Stunden bringt sie mich zum Bahnhof. Wir verabschieden uns, ohne den anderen in unsere Karten sehen zu lassen, wir bleiben höflich und verbindlich. Ich nehme mir vor, sie nicht zu bedrängen. Der Vorsatz hält ungefähr eine Stunde. Dann schreibe ich ihr noch vom Zug aus eine SMS, dass ich sie gern wiedersehen würde.

Eine Woche später fahre ich nach München. Das Hotelzimmer kostet so viel wie ein gebrauchtes Auto, und in der Stadt tragen die Menschen Lederhosen oder Dirndl. Ich denke im Stillen, dass sie ein bisschen spinnen hier, und fühle mich reichlich fremd. Das Oktoberfest hatte ich nicht auf dem Schirm.

Wir treffen uns am Gasteig, Lena warnt mich vor dem strengen Pförtner und erklärt, sie würde zuerst reingehen, und ich müsse nach drei Minuten nachkommen und möglichst unbeeindruckt gucken, als wäre ich Musikstudent. Am Fahrstuhl würde sie auf mich warten.

Der Pförtner mustert mich, aber lässt mich durch. Im Obergeschoss setzen Lena und ich uns in einen Übungsraum und spielen zweihändig Klavier. Manchmal berühren sich unsere Hände dabei, was ich genossen hätte, wenn ich nicht so aufgeregt gewesen wäre. Im Nebenzimmer übt Lenas Freundin Debussy. Den mochte ich schon immer.

Lena ist im letzten Studienjahr, und sie hat bereits Schüler hier. Ich hingegen kann überall arbeiten. Ich ziehe ihretwegen nach München. Bis heute besitze ich keine Lederhose. Aber Lena und ich haben geheiratet, und wir haben zwei wundervolle, wilde Jungs. Sie sind musikalisch und lieben Bücher.

Dem Schreiben und dem Literaturhaus verdanke ich die Frau fürs Leben. Den ersten Hochzeitstag haben wir natürlich dort gefeiert, in der Brasserie *OskarMaria*.

Artur Becker

Honig im Herzen, Gurkenscheiben im Gesicht

Seit seiner Rückkehr aus Kanada nach Polen waren schon sechs Monate vergangen, und trotzdem hatte Czesław Modrzejewski immer noch den Eindruck, seine Landsleute würden ihn am liebsten im Gehlandsee ertränken: den reichen Kanadier, der alles besser weiß, wie die Menschen aus seiner Gegend verärgert posaunten. Deshalb musste er staunen, als am frühen Morgen die junge Buchhändlerin aus Olsztyn, die ihn neulich in ihrem Buchladen ruppig – wie einen stadtbekannten Straßendieb und Halbstarken – behandelt hatte, das Gelände des von ihm vor wenigen Wochen ersteigerten Erholungszentrums am Gehlandsee betrat: in einem luftigen, aufreizend geschnittenen, zum heißen Juliwetter passenden Sommerkleid und mit einem dänischen Bauernhund an der Leine, einem Dansk-Svensk Gårdshund, der vor einem Fremden keine Angst zu haben schien und sich übertrieben über die Begegnung mit ihm freute; außerdem hatte die Frau eine geräumige und vollgepackte

Handtasche dabei, die sie in der Hand trug wie eine Einkaufstüte, und ihre schlanken Füße steckten in Sommersandalen, die schick und nicht klobig waren.

Warum kreuzt *diese Frau* hier plötzlich auf?, fragte er sich.

Auf seine Verwunderung über die unerwartete Besucherin folgte ein kurzer stechender Schmerz unter seinem Schädel, als hätte er wieder zwei Nächte lang mit dem Rettungsschwimmer Tymek, seinem einzigen Mitarbeiter, gezecht. Czesławs Augenlider zuckten für wenige Sekunden, sein Kinn sackte ein wenig nach unten, und dann fiel ihm auch noch der Pinsel aus der Hand, mit dem er gerade das aufgebockte Tretboot lackierte – das Wetter war endlich dazu geeignet, er wollte das ganze alte Schwimmgerät des Erholungszentrums endlich auf Vordermann bringen. Aber dass sich die widerspenstige Buchhändlerin aus Olsztyn eines Tages auf den Weg in die Wildnis des Gehlandsees machen würde, um ihn zu treffen, war eigentlich genauso unwahrscheinlich wie ein plötzliches Auftauchen von Marilyn Monroe.

Vor drei Tagen erst hatte er bei der jungen Frau ein Buch bestellt, sie musste es ihm nicht persönlich bringen, er wollte es doch zum Ende der Woche abholen, wie er es ihr auch im Buchladen gesagt hatte.

Czesław, der schon seit mindestens einer halben Stunde auf Knien hockend das Ruderboot lackierte, richtete sich etwas schwerfällig auf, um die Frau zu begrüßen – er war dankbar für die Zwangspause, seine Muskeln und Knochen versagten ihm langsam den Dienst, er war mit seinen fünfzig Jahren nicht mehr der junge Hecht, der im Sozialismus das Erholungszentrum geleitet, die betrunkenen Männer geprügelt und ihre Ehefrauen auf sein schwedisches Motorboot zu einem Ausflug in der Sonne eingeladen hatte.

Die Buchhändlerin und ihr Hund trotteten ihm im entspannten, für Sommerfrischler typischen Tempo entgegen, und er rief der jungen Frau zu: »Das ist ja eine Überraschung! Woher wissen Sie, wo ich wohne?«

Aber sie schwieg. Die Buchhändlerin war ungefähr eins fünfundsiebzig groß, hatte dunkelblaue Augen und kräftiges, aber kurzes honigfarbenes Haar. Und ihre Nase war lang und schmal und etwas spitz – Czesław mochte breite Nasen nicht, da er selbst eine platte Nase hatte, die er einer Schlägerei verdankte. Es sei denn, er hielt wieder einmal sein altes Lieblingsfotoalbum, in dem Aborigines abgebildet waren, in den Händen – dann mochte er seine plattgedrückte Kartoffel wieder. Das Fotoalbum behandelte er schon seit der Kindheit wie ein Heiligtum: Trotzdem war er immer noch nicht in Australien gewesen, auf den Traumpfaden der breiten Nasen und Gesichter, die mit Sternen und Kängurus sprechen, als wären es Menschen. Und dort in Australien lebte Bajo, sein bester Freund, den er schon lange nicht mehr gesehen hatte – wenigstens hatte Bajo einmal Kanada besucht, sodass sie für ein paar Tage alles vergessen und auf den Campingplätzen der Wälder von Alberta ihr altes polnisches Erholungszentrum auferstehen lassen konnten, bei einem Trinkgelage am Lagerfeuer.

Was würde jetzt Bajo tun?, fragte er sich. Als sie im Sozialismus das Erholungszentrum zusammen geleitet hatten, war es auch vorgekommen, dass sie eine gemeinsame Geliebte hatten.

Die junge Frau blieb vor ihm stehen – sie hielt einen Abstand von lediglich einem Meter und sagte: »Guten Tag Herr Modrzejewski. Ich bin so glücklich, dass ich Sie gefunden habe!«

»Guten Tag. Meine Telefonnummer haben Sie zwar von mir gekriegt, aber keine Adresse! Außerdem ist es fast unmöglich, mich hier im Wald und am See zu finden, wenn man sich in der hiesigen Gegend nicht auskennt.«

»Mein Hund hat mich noch nie enttäuscht. Er hat einen guten Riecher.«

»Na, er sieht eher so aus, der Kleine, als könnte er einen Bodyguard gebrauchen.«

Die Frau lächelte und erweckte nicht den Eindruck, als wollte sie nur kurz vorbeischauen und ihm das Buch, das er am Montag bestellt hatte, persönlich übergeben. In ihrer Handtasche steckten ein Badehandtuch und eine Flasche Wasser. Und obwohl es noch sehr früh war, stieg die Sonne über dem Wald immer höher in den Himmel und glühte so stark, als ginge es bereits auf die Mittagszeit zu. Die Buchhändlerin, die nach süßem Schweiß und Parfüm roch, setzte die Sonnenbrille auf: »Schön haben Sie es hier, Herr Modrzejewski! Das ehemalige Erholungszentrum der Reifenfabrik kennt wohl in Olsztyn jeder … Ich auch. Und ich weiß, dass mein Besuch Ihnen seltsam vorkommt, aber ich habe meine Gründe, die Sie bestimmt verstehen werden.«

»Was Sie nicht sagen …«

Er war nach wie vor verunsichert, weshalb er nicht so recht wusste, was er der Buchhändlerin antworten sollte. Er bückte sich nach dem Pinsel, wickelte ihn in einen mit Terpentin befeuchteten Lappen und sagte dann: »Verraten Sie mir bitte, wie Sie heißen?«

»Marlena. Ich heiße Marlena Dubas«, sagte sie. »Ich bringe Ihnen das Buch, das Sie am Montag bestellt haben …«

»Wie nett von Ihnen, aber das kann nicht der Grund Ihres Besuchs sein, oder? Selbst Ihr Hund kann nicht glauben, was Sie da sagen.«

Der kleine Däne, der ursprünglich als Rattenfänger auf den Bauernhöfen gedient hatte, wedelte mit seinem Schwänzchen und freute sich – nur bellen konnte er noch nicht richtig. Er würde es wohl auch nie lernen, da sein Gebell sich so anhörte, als würde ein alter Mann husten.

Sie standen beide etwas ratlos neben dem Tretboot. Hinter ihren Rücken wuchsen Kiefern und sie blickten auf die Touristenbungalows und den Gehlandsee, der sich in der Ferne kilometerweit ausbreitete – zu Fuß erreichte man das Gewässer in lediglich fünfzehn Minuten, und schon konnte man baden, angeln oder zu einer der Inseln segeln und dort in der Stille der Schatten der Kiefern und Birken mit seinem Mädchen untertauchen – oder mit einer Ehefrau, deren Mann besoffen im Bungalow schnarchte.

Er unterbrach das Schweigen seines unerwarteten Gastes mit einem lauten Seufzer, den er auf den Baustellen Kanadas ausgiebig geübt hatte, um nicht völlig verrückt zu werden – bei der Knochenarbeit, die er wie ein Tier für seinen Traum am Gehlandsee geleistet hatte: »Wollen Sie mit mir zusammen frühstücken? Ich habe zwar in meinem Kühlschrank keine Flasche Sekt, doch einen Kaffee und Honig und Gurken aus der hiesigen Gegend kann ich Ihnen schon anbieten.«

»Und wollen Sie nicht wissen, warum ich mir die Mühe gemacht habe, Sie zu finden?«, wunderte sich die Buchhändlerin. »Das Buch, das Sie bestellt haben, ist in der Tat nicht der einzige Grund für meinen Besuch …«

Er grinste und sagte: »Das können Sie mir gleich erzählen. Kommen Sie bitte erst mal mit. Und vergessen Sie Ihren Hund nicht – er ist für die deutschen Schäferhunde meiner Urlauber ein gefundenes Fressen!«

»Wie witzig! Aber ich nehme Ihre Einladung an – ich habe Ihnen etwas wirklich Wichtiges zu sagen …«

Die Frau aus Olsztyn folgte ihm auf dem Weg zu seinem Bungalow, in dem er allein wohnte. Der kleine Däne war nach wie vor begeistert – hier im Erholungszentrum war er endlich unter seinesgleichen, das konnte er riechen.

Verdammt, dachte Czesław, wie hat sie herausgefunden, wo ich mich verstecke und vor allem, wer ich bin?, fragte er sich. Ich habe ihr lediglich meinen Nachnamen gegeben und die Telefonnummer, mehr nicht – und ich habe ihr doch angekündigt, dass ich das Buch abholen würde …

Sie betraten seine Holzhütte, in der es ein bescheidenes Schlafzimmer, eine Art Büro und ein Magazin mit Bettwäsche, Geschirr und Besteck für die Gäste gab – hier in diesen engen Räumen verwaltete er das kleine Erholungszentrum, das er nach seiner Rückkehr aus Kanada für einen Apfel und ein Ei von der Reifenfabrik aus Olsztyn erworben hatte.

Es war schon immer sein Traum gewesen, nach der Wende das Erholungszentrum zu privatisieren. Der Traum erfüllte sich schneller, als er es ihm eigentlich lieb war – in den Siebzigern und Anfang der Achtziger hatte er hier zusammen mit seinem Freund Bajo geherrscht wie in einem Königreich: Bajo war der Rettungsschwimmer und er der Leiter des sozialistischen Erholungszentrums. Ein Flug nach Australien, wo Bajo Skipper geworden war, teure Jachten überführte und Touristen aus Europa auf Segeltouren verwöhnte, stand immer noch aus. Es blieb jedes Mal bei der Versprechung von Czesław, er werde sich endlich Flugtickets besorgen, doch es kam immer etwas dazwischen. Und Bajos Knochen würden in Australien unter die Erde kommen, das wusste Czesław, der aber froh war, dass er Kanada verlassen und im passenden Moment, als der Ausverkauf des sozialistischen Staates auf vollen Touren lief, zugeschlagen hatte. Die zehn Bungalows und die Segel-, Ruder- und Tretboote wie auch der Speisesaal mit der Küche waren ihm zu einem Spottpreis angeboten worden. Die Welt brauchte den Sozialismus nicht mehr.

In dem Büroraum, in dem es auch eine provisorische Kochecke und einen Erste-Hilfe-Schrank gab, sah sich die junge Frau erst einmal um: Das Büro lud dazu förmlich ein, da es vollgestopft war wie eine Rumpelkammer, und außerdem beherbergte es Dinge, die eigentlich ins Museum gehörten, in ein Museum der Volksrepublik Polen.

»Ich setze Wasser für den Kaffee auf – bitte nehmen Sie auf dem Stuhl vor dem Schreibtisch Platz, wo meine Kunden immer sitzen …«, lachte er.

Auch der Hund bekam Wasser: in einer Plastikschüssel, die Czesław ihm direkt vor die Nase stellte: Der Kleine sollte bloß nicht eifersüchtig werden, dachte er.

»Die Ferienzeit hat längst begonnen. Haben Sie in diesem Jahr viele Urlauber? Oder fahren unsere Landsleute lieber ins Ausland?«, fragte die Buchhändlerin und blieb plötzlich mitten im Büroraum stehen, als würde sie ein Verhör durchführen.

»Die Leute sind bei uns arm«, antwortete er, »das wissen Sie doch. Meine Gäste kommen aus den Großstädten und aus dem Ausland … Ich bin außerdem nicht der einzige Kanadier und Rückkehrer …«

Er öffnete den kleinen Kühlschrank, er hatte wirklich nicht viel zu bieten: Butter, Erdbeermarmelade und eine Gurke. Die Fleischkonserve war eigentlich für das Mittagessen gedacht. Und Honig: zwei Weckgläser Honig hatte er gestern gekauft, als wäre seine Tochter immer noch klein, als wäre er nie nach Kanada gegangen und hätte sich nicht von seiner Frau getrennt.

Der Wasserkocher blubberte und zischte; wie üblich schütte er vier Teelöffel gemahlenen Kaffee in die Gläser, die in metallenen Körbchen steckten, und während er Wasser eingoss, öffnete die Buchhändlerin die Tür des Erste-Hilfe-Schrankes, in dem es nach Jod und Minze roch.

»Sie sind auf alles vorbereitet!«, sagte sie. »Wie früher … Diese Bandagen kenne ich … von früher …«

»Ich muss im Erholungszentrum zur Not auch den Arzt und die Krankenschwester spielen. ›Wie früher?‹, sagten Sie?«

»Nein, das habe ich nicht gesagt …«

»Ach, so läuft der Hase …«

»Ja, so läuft er … Sie wollen also doch erfahren, wie ich Sie gefunden habe? Schließlich hatte ich nur Ihren Nachnamen und sonst nichts, nicht einmal eine Telefonnummer.«

»Die habe ich Ihnen doch gegeben …«

»Ich habe Sie mehrmals angerufen, aber Ihr Anschluss ist mausetot.«

»Er funktioniert einwandfrei – ich habe doch Gäste, die mich anrufen, um einen Bungalow zu reservieren. Manchmal höre ich nur das Klingeln nicht, und zum Speisesaal ist es weit. Ich kriege bald einen neuen Anschluss – für mein Büro. Der Kapitalismus hat seine guten Seiten.«

Er schnitt das Brot und die Gurke – sein Schreibtisch verwandelte sich in eine Arbeitsplatte. Er sagte: »Ich weiß nicht, warum ich Sie im Buchladen so verschreckt habe: Sie waren unfreundlich, Sie haben geknurrt wie ein Hund. Und das Buch, das ich mir bestellen wollte, hat Ihnen nicht gefallen. Sie sagten, es sei scheußlich geschrieben und hundertprozentig nicht mehr lieferbar, was offenbar nicht stimmt. Sie haben es doch wirklich mitgebracht, oder?«

»Ich war an dem Tag zu nichts zu gebrauchen, das müssen Sie mir verzeihen. Mein Sohn hat an diesem Morgen in der Schule eine Fensterscheibe eingeschlagen und einen Lehrer im Gesicht verletzt. Ich war wütend – ich muss nun allerdings endlich erklären, warum ich Sie besuche ...«

Sie setzte sich auf den Stuhl vor dem Schreibtisch, und Czesław, der zwei Teller und die geschnittene Gurke und das Brot servierte, ließ sich auf den Chefsessel fallen, der noch bestens an alte kommunistische Zeiten erinnerte. Er öffnete eines der Weckgläser mit dem frischen Honig, dessen Geruch nach Wald sich augenblicklich mit dem von Jod und Minze paarte.

»Ich habe mich, glaube ich, an Ihre Beleidigungen gewöhnt!«, sagte er.

»Na ja, ich wusste sofort, wer Sie sind, als Sie den Buchladen betreten haben ... Ich habe Sie wiedererkannt ... Sie mich natürlich nicht. Ich war ein kleines Mädchen, als meine Eltern Sommer für Sommer in das Erholungszentrum kamen – während Sie schon verheiratet waren, eine Tochter hatten und für mich damals, was Sie natürlich nicht wissen konnten, meine erste große Liebe waren: Ich habe mich mit dreizehn Jahren in den jungen Leiter des Erholungszentrums verliebt ... Und als ich Sie am Montag im Buchladen sah und wiedererkannte, fiel mir ein, dass ich vor Kurzem in der Stadt ganz zufällig von Ihrer Rückkehr aus Kanada gehört habe. Ich dachte mir dann: Das ist schon wieder einer dieser Angeber, die Geld im Ausland verdient haben und sich denken, dass ihnen nun die ganze Welt gehört. Und dass sie alles besser wissen und sich alles leisten können – so haben Sie auf mich im Buchladen gewirkt: arrogant und unhöflich, und man sah Ihnen sofort an, dass das Buch, das Sie haben wollten, Ihnen vollkommen schnuppe war, was mich sehr verärgert hat, diese Respektlosigkeit gegenüber Büchern. Sie wollten in Wahrheit bloß ihr altes Revier wiedersehen und es wie ein Hund markieren.«

Czesław schwieg und nahm einen Schluck Kaffee. Er aß auch das Brot und die fein geschnitten Gurkenscheiben, aber er musste den Bissen jedes Mal herunterwürgen – das hat sie gut gesagt, dachte er, in der Tat, ich fahre manchmal in die Stadt und tauche in die Vergangenheit ab, ich bin ein Hund, der sein Revier zurückgewinnen will.

Er sagte nach einer Weile: »Schmeckt Ihnen mein Kaffee nicht?«

»Ich habe ihn noch nicht probiert«, antwortete die Buchhändlerin und bemühte für die ersten Tropfen den Teelöffel, da der Kaffee immer noch brühend heiß war.

»Wissen Sie, ich habe auch etwas zu beichten«, sagte er, »ich erinnere mich auch an Sie – als Sie klein waren, natürlich. Ihre Eltern waren beliebt in unserem sozialistischen Erholungszentrum, wie könnte ich sie vergessen, vor allem Ihren Vater nicht, hatte er mir doch Saison für Saison schöne Geschenke gemacht: Angelhaken und -posen oder Aale, die er gefangen und geräuchert hatte. Und Sie, Sie waren doch eine Plage, eine kleine Räuberin, die aus der Küche hin und wieder Kartoffeln für das Lagerfeuer stahl. Erinnern Sie sich daran? Und dann, bereits nach wenigen Jahren, war aus Ihnen eine hübsche Gymnasiastin geworden – ich meine, Sie waren plötzlich siebzehn.«

Die Buchhändlerin trank einen Schluck Kaffee, das Brot rührte sie nicht an: Sie aß nur zwei, drei Gurkenscheiben: »Und Sie? Was ist damals passiert? Eines Sommers waren Sie nicht mehr da! Sind Sie nach Kanada gegangen?«

»Der Geheimdienst stellte mich vor die Wahl: Gefängnis oder Reisepass. So waren die Zeiten«, sagte er und sah dabei zu, wie sich sein Gast Honig auf die Gurkenscheiben schmierte: In dem Moment musste er lachen, denn das war der Beweis dafür, dass die Buchhändlerin ihre Schulferien oft im Erholungszentrum verbracht hatte.

Er hatte nämlich im Speisesaal für die Kinder hin und wieder Brote geschmiert: mit Butter und Zucker oder mit Honig und Gurke.

Er hörte auf zu essen: Er zündete sich eine Zigarette an und trank den Kaffee, der ohne Milch und Zucker bitter schmeckte, doch so hatte er ihn am liebsten. Er sagte: »Sie haben Recht, ich wollte Sie wiedersehen, ich war einfach gespannt, wie Sie aussehen und was aus Ihnen geworden ist. Ich habe in Kanada Ihren Namen vergessen, aber ich träumte sogar manchmal von Ihnen … Das Buch ist mir egal, im Buchladen fiel mir spontan ein Titel ein, den ich dann Ihnen diktierte. Das war alles.«

»Sie sind ein Spieler, Herr Modrzejewski. Und ein kleiner Betrüger … Ich werde den Geschmack des Honigs und der frischen saftigen Gurken nie vergessen … Meine Großmutter hat sich Gurkenscheiben auf das Gesicht geklebt und lag dann eine halbe Stunde auf dem Sofa, damit sich die Gesichtshaut reinigte und entspannte …«

Sie stand auf und bat ihn um eine Zigarette. Er zündete die Zigarette in seinem Mund an und gab sie ihr, dann fragte er: »Sind Sie mit dem Auto gekommen? Wo steht Ihr Wagen?«

»Auf dem Feldweg … Nicht weit weg vom Erholungszentrum. Warum fragen Sie?«

»Wir haben doch Parkplätze auf unserem Gelände. Die sind auch für Sie. Ich muss jetzt bald zur Fischerei fahren und geräucherten Fisch für meine Gäste abholen. Sie könnten mich begleiten … Mein Motorboot ist genauso wie mein Telefonanschluss nicht kaputt …«

Die junge Frau schwieg. Sie griff plötzlich nach den Gurkenscheiben, beschmierte sie mit dem Zeigefinger mit Honig und klebte sie sich auf die Wangen. Der kleine Däne fing wieder zu bellen an, und diesmal bellte er wie ein echter Hund.

Claudia Brendler

Lavendel

Sie hat den Buchladen nur betreten, um sich aufzuwärmen. Nichts sonst ist geöffnet in dieser perfekt sanierten Altstadt, dieser toten, kopfsteingepflasterten Altstadt, irgendwo zwischen Erfurt und Leipzig. Es ist ein netter Laden mit Café-Ecke, auf die sie sofort zusteuert, die durchweichten Sportschuhe quietschen bei jedem Schritt.

Das neue Buch von Paul Sapirano liegt in Stapeln neben dem Eingang. Im Vorbeigehen registriert sie die Bestseller-Aufkleber auf den blauviolett leuchtenden Covern. Lavendelfelder mit angedeuteter Landschaft und viel Himmel, passend zur Frühjahrsmesse. Zur Herbstmesse erscheinen die Sapiranos eher in Zimttönen, mit Schnee hinter dem Fenster und zusammengerollter Katze vor dem Kamin. Sie stellt ihre nassen Fahrradtaschen auf dem zweiten Stuhl in der Café-Ecke ab. Ein Mädchen mit stumpfblau gefärbter Haarsträhne bringt ihr einen Cappuccino. Sie zahlt gleich. Während sie trinkt, liest sie die Nachrichten auf ihrem Handy.

Auf Platz sechzehn eingestiegen!, schreibt die Programmleiterin ihres Verlags. Gratulation. Sie löffelt den letzten Rest Milchschaum, wartet. Auf eine Regung. Freude. Stolz. Wenigstens Erleichterung. In ihr bleibt alles still.

Am Ladentisch fragt ein Mann nach einem der wenigen Bücher, die Paul Sapirano für den Einzelhandel persönlich signiert hat. Die Buchhändlerin bedauert: Alle längst weg.

Aber das kann nicht sein, das kann nicht sein. Ich hab doch eins zurücklegen lassen, man hat es mir garantiert!!

Die Verzweiflung in der Stimme des Mannes veranlasst sie, sich umzudrehen. Er steht leicht gebeugt, dünn ist er, groß, einer, der es gewohnt ist, sich zu bücken. Das Buch soll ein Geschenk sein, und es klingt, als sei dieses Geschenk eine Art Rettung für die Beschenkte, eine Verehrerin von Sapirano, die leider nicht selbst kommen kann … Krankheit liegt in der Luft, etwas Trauriges, Dramatisches, das durchaus in ein Sapirano-Buch passen würde. Die Buchhändlerin entschuldigt sich, weiß nicht, was da schiefgegangen ist. Ob sie das Buch als Geschenk verpacken solle, fragt sie, er verneint, nimmt die ihm angebotene Plastiktüte. Bevor ihr bewusst wird, was sie tut, ist sie schon aufgestanden. Zwängt sich mit ihrem Gepäck am Tisch vorbei Richtung Ausgang.

Er hält ihr die Ladentür auf. Sie bedankt sich. Er geht hinter ihr die vier Stufen hinunter, die Tür fällt zu.

Ich glaube, ich kann Ihnen helfen, sagt sie und stellt ihre Satteltaschen auf das Kopfsteinpflaster.

Womit denn? Er sieht sie an. Seine Haare sind grau, ebenso seine Bartstoppeln.

Ich kann zufällig die Unterschrift von Sapirano ziemlich gut, sagt sie.

Seine Augen weiten sich.

Wie … kommen Sie denn dazu?, fragt er.

Ich bin professionelle Unterschriftenfälscherin.

Etwas Besseres fällt ihr nicht ein. Jetzt lächelt er. Dünne Lippen, ein bisschen aufgesprungen.

Das ist ja völlig absurd, sagt er.

Ja, sagt sie, ich weiß. Aber ich kann es trotzdem.

Und wenn sie mir draufkommt?

Wer, Ihre Frau?

Meine Schwägerin.

Wird sie nicht. Es sieht echt aus.

Sie hat den Füller nicht dabei, nur einen Kugelschreiber. Er gibt ihr das Buch, und sie setzt ihr Männerpseudonym mit Schwung auf die erste Seite. Kurz ist sie in Versuchung, noch gute Wünsche hinzuzufügen, etwas Persönliches für die Schwägerin. Unmöglich. Das Geheimnis um Paul Sapirano ist Teil seines Erfolgs. Er ist Frankokanadier mit italienischen Wurzeln. Erstaunlicherweise schreibt er auf Deutsch. Seine Romane spielen meist in Europa. Oft in der Provence oder anderen lavendelträchtigen Gebieten. Sie handeln von Liebe, Katzen, Gärten, geerbten Häusern mit alten Wäschetruhen und zufällig gefundenen Tagebüchern. Eine Spur Zeitgeschichte ist dabei und eine Prise Sex, immerhin ist Paul der einzige Mann, der in dem Genre schreibt. Eigentlich weiß man nichts über ihn.

Sie gibt dem Fremden das Buch zurück. Er bedankt sich und streicht über das Cover, so behutsam, als streichle er etwas Lebendiges. Er trägt keinen Ehering.

Und was sind Sie wirklich?, fragt er.

Schriftstellerin. Sie bückt sich nach ihren Satteltaschen.

Er geht die wenigen Schritte mit bis zu ihrem Rad, und sie erzählt ihm, dass sie unterwegs zur Leipziger Buchmesse ist. Sie braucht diese langsame Annäherung, sie trägt den Weg in sich, wenn sie ankommt. Darüber schreibt sie. Bücher über das Unterwegssein in jeder Hinsicht. Falls Sapirano ihr dafür Zeit lässt.

Ob man davon leben könne, fragt er. Nein. Davon nicht, sagt sie. Und etwas in ihr denkt: Ich kann so nicht weitermachen. Erst als sie seinen Blick bemerkt, wird ihr klar, dass sie ihren Gedanken ausgesprochen haben muss.

Ein Stück straßenabwärts, neben einer geschlossenen Spielothek, gibt es einen Dönerladen. Sie sitzen an einem kleinen Tisch. Er weiß nicht wohin mit seinen Beinen. Womit können Sie nicht weitermachen, fragt er, sie weicht aus, erkundigt sich nach der Schwägerin. Bipolare Störung. Schon lange. Im Moment sehr schlimme Depression. Sie hört zu, möchte nichts anderes, nur hier sitzen, sein Bein an ihrem. Sich vorübergehend ein anderes Leben leihen, einen Partner, dessen Sorgen man teilt. Wer eine Schwägerin hat, denkt sie, hat auch eine Frau. Oder nur einen Bruder. Egal. Bevor sie aufbricht, lässt sie sich das Buch noch einmal geben, fragt nach dem Namen der Schwägerin und schreibt eine persönliche Widmung hinein, in Pauls Schrift. Danke, sagt er wieder. Und dann: Wie und wo kann ich Sie finden?

Im Internet.

Sie steigt auf, fährt die Straße herunter, ohne sich umzudrehen. Hinter dem Ortsschild weitet sich die Landschaft. Endloser, brauner Acker. Kartoffeln vielleicht. Oder Kohl. Bestimmt kein Lavendel.

Finde mich, denkt etwas in ihr. Bitte finde mich.

Sergio Bambaren

Eine Lektion in Sachen Liebe

Im Norden Spaniens gibt es ein verzaubertes Land: das Fürstentum Asturien.

Üppig grüne Wälder und Berge mit schneebedeckten Gipfeln – die *Picos de Europa* – umsäumen zärtlich kleine, friedliche Städtchen, alte Schlösser und Festungen, und wo die smaragdgrünen Weiden zur Küste hin auslaufen, küssen sie das Meer. Es ist ein geheimes Land, in dem man immer noch barfuß über menschenleere Strände spazieren kann, nasser Sand unter den Fußsohlen, die grünen Berge als einzige Zeugen dieser Pracht: Natur.

Ein Land für Königinnen und Könige – und ein Land, in dem es noch Märchen und Liebesgeschichten gibt; ein Land für alle, die noch träumen können und der Stimme ihres Herzens folgen.

Es war Nacht geworden. Man spürte die frische Brise, die vom Meer her kam, und ihr salziger Geruch erfüllte die Luft. Dichter Nebel hing in den Gassen des Städtchens. In hoch aufragenden Felsen, in die alte Steinmauern hineingebaut, lag eine gemütliche Buchhandlung namens *Märchenland* am Ende einer Straße, die nach nirgendwo führte. Neben dem Laden war ein hübsches Café mit einem herrlichen Blick über das Meer. Ein Ort, an dem sich Liebespärchen oder Freunde trafen, um zum Beispiel bei einer Tasse frisch gebrühtem Kaffee oder kleinen Tapas und Bocadillos (einer traditionellen spanischen Spezialität, kleine Häppchen Schinken, Käse, Meeresfrüchte, Brot und Olivenöl) nett zusammenzusitzen.

Hinter mir lag gerade eine sehr schöne Lesung. Das *Märchenland* war bis auf den letzten Platz besetzt gewesen und ich hatte viele Bücher signiert. Es war unvorstellbar – so ein kleiner Raum, angefüllt mit so vielen offenen, ehrlichen Lächeln! Aber genau das kann eben passieren, wenn man es wagt, die ausgetretenen Pfade zu verlassen und an verwunschene Orte wie diesen zu reisen; wenn man es riskiert, den Herzen so vieler anderer Menschen die eigenen Träume und Gedanken mitzuteilen.

Auch Antonio und seine Frau Ines (ihnen gehörten Buchhandlung und Café) lächelten. »Danke Sergio!«

»Ich danke euch«, erwiderte ich.

Es war Vollmond. In seinem Licht glänzte der Schnee auf den *Picos de Europa* im Dunkel der Nacht. Ich rührte zwei Teelöffelchen braunen Zucker in meinen Kaffee. Ich nahm einen kleinen Schluck. Er schmeckte köstlich.

»Erwartest du noch jemanden?«, fragte Antonio.

»Nein«, sagte ich.

»Es sieht aber ganz danach aus ...«

In dem Moment hörte ich eine mir unbekannte Stimme hinter mir fragen: »Würdest du mir mein Buch signieren, Sergio?« Ich drehte mich um.

»Hallo ...«

»Hallo! Ich bin Kati.«

Ich brachte kein vernünftiges Wort über die Lippen. Ich blickte in die schönsten blauen Augen, die ich je gesehen hatte.

»Hallo Kati ... Freut mich! Setz dich doch, hier, bitte ... Danke, dass du bei meiner Lesung warst.«

»Danke, dass du noch Zeit für mich hast! Ich weiß, du hast sicher nur ein paar Minuten.«

»Das ist schon okay«, antwortete ich.

Sie zog einen meiner Romane aus der Jackentasche und reichte mir das Buch. Ich signierte, krampfhaft überlegend, mit welcher Zauberformel ich dieser wunderbaren Frau danken könnte, die da zu mir gekommen war.

»Multimesc ...«, sagte sie.

»Wie bitte?«

»Das heißt ›danke‹ in meiner Sprache.«

»Seit wann bist du in Asturien?«

»Ich lebe hier, schon seit vielen Jahren!« Sie strahlte mich an.

»Und warum?«

Sie lächelte. »Schon als Kind war es mein Traum, friedlich leben zu können irgendwo zwischen schneebedeckten Bergen und dem tosenden Meer.«

Antonio schmunzelte und zog sich, ohne noch etwas zu sagen, zurück.

Ich spürte, wie sich unsere Augen über den Tisch hinweg gefährlich ineinander versenkten.

»Möchtest du etwas trinken?«

»Eigentlich gern, aber du bist sicher auf dem Sprung …?«

Ich zögerte. »Jetzt nicht mehr«, erwiderte ich endlich.

»Sicher?«

»Sicher, glaub mir. Hast du denn auch Zeit, Kati?«

»Klar!«, antwortete sie. »Ich nehme ein Mineralwasser mit Zitrone, danke.«

»Multimesc«, sagte ich.

»Du lernst aber schnell!« Kati lachte.

Aus fünfzehn Minuten wurde eine Stunde. Aus einer Stunde wurden drei. Sofort war da eine Magie zwischen uns, es war, als hätten wir uns schon immer gekannt. Wir sprachen über Alltägliches und Belangloses, wir sprachen über die großen Fragen des Lebens. Sie war sogar so ehrlich mir zu erzählen, dass es eigentlich eine Freundin war, die sie über eine Jahr lang gedrängt hatte, endlich einmal eines meiner Bücher zu lesen – aber ohne Erfolg. Kati las eher die Klassiker: Kafka, Hesse, Dostojewski. New Age-Romane, wie sie es nannte, mochte sie nicht. Sie liebte nur die Klassiker. Als sie dann aber doch der hartnäckigen Freundin nachgegeben hatte, sei sie sofort in den Bann dessen gezogen worden, was ich gefühlt und geschrieben hatte. Sie sei von den Empfindungen hinter den Worten so gefesselt gewesen, dass sie das Gefühl nicht loswurde, mich schon seit Ewigkeiten zu kennen.

Dann hätte sie mich im Fernsehen gesehen, in einem kleinen regionalen Sender, und da habe sie sich geschworen, mich zu treffen. Und da sei sie nun und sitze neben einem Fremden, der allein durch die Worte in einem Buch in ihr Leben getreten sei. Sie lachte.

Die Magie war in jedem Winkel des Cafés zu spüren. Das Saatkorn der Liebe war auf fruchtbaren Boden gefallen. Es wäre nur eine Frage der Zeit, bis diese Liebe Blüten tragen und wachsen würde.

»Alles in Ordnung?«, hörten wir plötzlich Antonio fragen. Wir hatten gar nicht bemerkt, dass wir die letzten Gäste waren.

»Ja, danke! Aber sei so gut und bring mir die Rechnung, ja?«

»Mach ich«, sagte Antonio.

Ich bezahlte, verabschiedete mich von Antonio und zog galant Katis Stuhl zurück. Als sie aufstand, schoben sich die Ärmel ihrer Bluse etwas nach oben. Da sah ich ihre Handgelenke. Zwei tiefe Schnitte, auf beiden Seiten vernarbt; es sah aus, als seien sie genäht worden.

»Was sind das für Narben?«, fragte ich. Nun zögerte Kati. »Och, die Narben … Das ist lange her. Die haben keine Bedeutung.«

Schon einmal hatte ich solche Narben gesehen. »Hast du dir das selber beigebracht?«

»Das war ein so wunderbarer Abend, Sergio. Es ist lang her, dass ich so glücklich war.«

Mein Gesicht glühte. Unsere Blicke trafen sich, und es fühlte sich an, als tauchten sie in die Seele des anderen ein.

»Kann ich dich nach Hause bringen? Ich habe das Auto ganz in der Nähe.«

»Danke Sergio, mach dir keine Gedanken. Ich muss morgen früh aufstehen. Und ich wohne nur zehn Minuten zu Fuß von hier.«

»Werde ich dich wiedersehen?«, fragte ich.

Kati sah mich an, umarmte mich innig und küsste mich auf den Mund. Lange standen wir so und küssten uns. Ich konnte dieses wunderbare Gefühl im Bauch spüren, und ich wusste, ihr ging es ebenso. Es fühlte sich so warm an.

Viele Minuten später sah sie mir wieder fest in die Augen, nahm meine Hand und sagte lächelnd: »Mein ganzes Leben lang habe ich dich schon geliebt. Noch bevor ich wusste, dass es dich überhaupt gibt. Und so wird es immer sein, für immer und ewig. Endlich sind wir uns begegnet, und es war genau so, wie ich es mir erträumt hatte.« Wieder küsste sie mich. »Adieu, Liebster; du wirst immer in meinen Träumen weiterleben.« Und ging, bis sie irgendwann verschwunden war im Dunkel der Nacht.

Ich setzte mich ins Auto, startete es aber nicht. Das ging alles viel zu schnell.

»Sie ist wunderschön«, dachte ich, »aber sie hat mir nicht erzählt, wo sie wohnt oder was mit ihr geschehen ist. Wie kann ich sie nur wiederfinden? Gut, ich kann Ines und Antonio morgen fragen. Wenn sie nur zehn Minuten von hier entfernt wohnt, wissen die beiden bestimmt wo.«

Ich ließ den Motor an, lächelte vor mich hin und fuhr zum Hotel, nur ein paar Straßen von dieser schönen Buchhandlung namens *Märchenland* entfernt. Einer Buchhandlung, in der ich ganz besondere Stunden verbracht hatte in Gesellschaft vieler wunderbarer Menschenseelen – und in der mir sogar die Liebe begegnete, als ich sie am wenigsten erwartet hatte.

Am nächsten Morgen duschte ich warm, zog mich an, pflückte ein paar Blumen im Garten des Hotels und begab mich auf direktem Wege zu Antonios und Ines' Buchhandlung.

»Antonio?«

»Sergio!«

»Hallo Antonio! Ich wollte mich noch einmal für alles bedanken – und dich auch fragen, ob du weißt, wo Kati wohnt, die Frau, die ich gestern Abend hier getroffen habe.«

Antonios Gesichtsausdruck veränderte sich. Anstatt zu antworten, ging er und suchte nach seiner Frau. Bald kamen sie zusammen zurück, einander an den Händen haltend. Ines hatte Tränen in den Augen.

»Ist etwas nicht in Ordnung?«, fragte ich.

Antonio und Ines sahen sich an. »Bist du sicher, dass du wirklich wissen willst, wo Kati lebt?«, fragte Ines.

»Ja, mehr als alles andere in der Welt.«

Sie nahm meine Hand. »Geh einfach diese Straße hinunter. Nach der dritten Querstraße siehst du links eine weiße Mauer. Es ist da das einzige Haus. Du kannst es nicht verfehlen.«

»Danke, Ines.«

»Viel Glück«, sagte Antonio.

Ich ging los, die Blumen aus dem Hotelgarten in der Hand. Sie waren so schön – wie Kati. Mein Herz schlug schneller denn je.

Nach der dritten Kreuzung sah ich die weiße Mauer, so, wie Ines es beschrieben hatte. Ich ging direkt zum Haupteingang. Gerade wollte ich klingeln, da erst fiel mir das Schild auf: *Psychatrisches Klinikum San Onofre.*

Ich sah die Narben auf Katis Handgelenken wieder vor mir und hörte ihre Abschiedsworte: »Du wirst immer in meinen Träumen weiterleben.«

Die Vernunft riet mir, wieder zu gehen, doch die Worte meines Herzens waren stärker: »Geh hinein! Besuche sie!«

Ich klingelte. Man öffnete die Tür. Ich ging direkt zum Empfang.

»Kann ich Ihnen helfen?«

»Ich möchte gern Kati besuchen«, antwortete ich.

»Kennen Sie sie?«

»Ich habe sie gestern Abend kennengelernt.«

»Nun gut«, sagte die Schwester, »folgen Sie mir.«

Wir gingen nach oben. Die Schwester brachte mich in einen ganz weiß gestrichenen Raum. Kati saß auf einem Stuhl und blickte aus dem Fenster. Ich nahm mir auch einen Stuhl und setzte mich neben sie.

»Hallo Kati«, sagte ich.

Sie wandte sich zu mir. »Kenne ich Sie?«, fragte sie.

Ich wollte gerade antworten, da sah ich das Buch in ihren Händen. Es war das Buch, das ich gestern Abend für sie signiert hatte.

Vorsichtig stellte ich meine Blumen auf das Nachtkästchen neben ihrem Bett. Da stand ein Fläschchen mit Tabletten. Ich las die Aufschrift; sie waren für Patienten, die unter Schizophrenie litten. An der Wand hing ein schönes Bild vom Meer und ein Flyer von der gestrigen Lesung, neben dem etwas geschrieben stand: In meinen Träumen werde ich dich immer lieben.

Ich küsste sie zärtlich, ihre Augen verloren sich Gott weiß wo. Dann verließ ich das Zimmer und dankte der netten Schwester, die mich sie besuchen ließ.

»Kommen Sie gern jederzeit wieder«, sagte sie. »Sie bekommt niemals Besuch.«

»Das werde ich. Ein Versprechen ist ein Versprechen.«

Und als ich das weiße Gebäude mit Tränen in den Augen verließ, nur drei Ecken entfernt vom *Märchenland*, da hatte ich eine der wichtigsten Lektionen meines Lebens gelernt: Ich spürte und verstand, dass es unbedeutend ist, wie lange eine Liebe hält. Was zählt, ist allein, wie tief sie ist, während sie gelebt wird.

Aus dem Englischen von Kristine Ackermann,
Mitarbeit Anya Schutzbach

Renatus Deckert

Und Gott war ein Buchhändler

Hätte meine Frau Pech gehabt, wäre sie heute mit einer Kröte verheiratet.

Meine Frau bestreitet den ersten Teil des Satzes. »Ich weiß nicht«, sagt sie, »ob mehr oder weniger Pech.«

Irritiert blicke ich sie an. Aber da sie nichts sagt, sondern nur vieldeutig eine Augenbraue hebt, sage auch ich nichts, sondern bemühe mich um so etwas wie ein verwegenes Lächeln.

Da lächelt auch sie.

Meine Frau, müssen Sie wissen, hat ihren Forschungsgegenstand geheiratet. Oder zumindest einen ihrer Forschungsgegenstände. Einen von vielen.

Wie das kam?

Nun, als meine Frau noch nicht meine Frau war, studierte sie Literaturwissenschaft. Anders, als ihre Professoren es sie gelehrt hatten, fand sie jedoch nicht, dass nur ein toter Schriftsteller ein guter, sprich: ein erforschenswerter Schriftsteller ist. Nein, sie interessierte sich auch für lebende Schriftsteller.

Ihre Doktorarbeit schrieb sie über ein damals neuartiges Phänomen: Es ging, um es in wenigen Worten zu sagen (meine Frau brauchte dafür ein paar Wörter mehr), um Schriftsteller, die im Internet schreiben, sich austauschen und miteinander diskutieren.

Der namenloseste dieser Schriftsteller war ich.

Wie ich da hineingeriet? Durch Zufall – natürlich durch einen glücklichen Zufall, ja den denkbar glücklichsten Zufall, den man sich vorstellen kann: wenn man die Folgen bedenkt, die Folgen!

Es war so: Ein Schriftsteller, also ein richtiger, kein namenloser, hatte Gedichte von mir gelesen. Und weil die ihm gefielen, lud er mich ein, mit anderen im Internet zu schreiben.

Es waren, ich gestehe es, äußerst melancholische Gedichte. Sie müssen wissen, bevor ich meiner Frau begegnet bin, war ich ein Ausbund an Melancholie. Nach der Begegnung mit meiner Frau gab es dafür natürlich nicht mehr den geringsten Grund.

Aber soweit sind wir noch nicht.

Ich schrieb jetzt also im Internet. In einem Forum. Der Name hatte gleich mein Interesse geweckt.

Ich weiß nicht, ob Sie schon mal an einem heißen Tag zwischen den Säulenstümpfen des Forum Romanum herumgeirrt sind. Plötzlich stehen Sie, nach Luft japsend und halb verdurstet, vor der staubigen Scherbe eines Marmorbeckens, in das womöglich schon der alte Caesar sein Wasser abgeschlagen hat. Ist das nicht großartig?

Das Forum im Internet war etwas völlig anderes. Und – wie soll ich sagen? Es war einfach nicht meins. Das wurde mir sehr bald klar.

Nennen Sie mich albern, altmodisch, störrisch! Meinetwegen. Aber statt auf einem Bildschirm hätte ich meine Gedichte lieber gedruckt gesehen: in einem Buch, das in einer Buchhandlung ausliegt.

Ich kann auch keinen Roman in einer Blechbüchse lesen. Ich brauche Papier, ich brauche Druckerschwärze. Ich will umblättern, vorblättern, zurückblättern – aber doch nicht wischen! Höchstens den Schweißtropfen von meiner Stirn, bevor er auf die aufgeschlagene Seite fällt.

Kurzum: Ich war kein gutes Beispiel für einen Schriftsteller, der im Internet schreibt. Schlimmer noch: Ich war nicht mal einer. Ich tat nur so – und das immer seltener.

Natürlich kam meine Frau dahinter. Sie war ja angetreten, meinesgleichen zu erforschen. Warum diese seltsame Spezies es ihr angetan hatte? Keine Ahnung! Vielleicht hielt sie uns für besonders fortschrittlich. Ich war es nicht.

Herausgefunden hätte sie das auch von allein. Ihre Forschungsmethoden waren so überwältigend wie sie selbst. (Als ob ich es geahnt hätte!) Ich gab es also besser gleich zu.

Mein Beichtstuhl war der Fragebogen, den sie an uns alle schickte. Eigentlich war es ein Fragenkatalog. Ausgedruckt und gebunden hätte er in meinem Regal mehr Platz beansprucht als der ganze

Proust; die Antworten, auch die einsilbigen, nicht mitgerechnet.

Ich saß eine Weile vor all diesen Fragezeichen. Und vor den Punkten, die andeuteten, wie ausführlich jede meiner Antworten ausfallen durfte. Ich saß da und stieß einen tiefen Seufzer aus. Sie erinnern sich: Es war noch in meiner melancholischen Periode.

Und dann schrieb ich.

Noch heute hält mir meine Frau vor, von allen Antworten, die sie erhalten habe, seien meine die am wenigsten brauchbaren gewesen.

Ich glaube es ihr – wenngleich es nicht stimmt. Mit einer meiner Antworten habe ich es immerhin in ihre Doktorarbeit geschafft. Als Fußnote.

Wenn Sie mir nicht glauben wollen: Überzeugen Sie sich selbst! Es ist die Fußnote 686.

Die Antwort lautete:

»In Wahrheit bin ich kein Internet-Schriftsteller, sondern ein ziemlich altmodischer Mensch, der das Schreiben eines Gedichts damit beginnt, dass er murmelnd durch novembrige Straßen geht und dann und wann an einer Hauswand stehenbleibt, um die Rückseite einer alten Kinokarte mit unlesbaren Wörtern zu bekritzeln.«

Ja, da haben Sie wohl recht: So überspannt, wie das klingt, war ich damals tatsächlich.

Sie können davon ausgehen, dass meine Frau das auch so sah.

Ich nehme an, sie hat meine Antworten nach einer flüchtigen Lektüre stirnrunzelnd beiseitegelegt. Unbrauchbar, in jeder Hinsicht.

Irgendetwas scheint jedoch hängengeblieben zu sein – vielleicht die novembrigen Straßen. Jedenfalls wusste meine Frau bei unserer ersten Begegnung, die sich ein paar Monate später ereignete, dass sie jetzt diesen novembrigen Typen vor sich hatte.

Ich kann nicht behaupten, dass sie mir gleich um den Hals fiel. Aber wer kann das schon?

Fiel ich ihr um den Hals? Mein Gott – wie denn? Ich wagte ja kaum zu atmen!

Der November war vorbei, mein melancholisches Frühwerk abgeschlossen. Augenblicklich fühlte ich mich in eine andere Jahreszeit versetzt. Sie wissen schon: die mit dem Spatzengetschilp und dem knospenden Grün. Die Schmetterlinge ließen auch nicht auf sich warten.

Was folgte, können Sie sich denken: Herzensergießungen, Minnegesänge, Belagerungen, Stürme, Rückzugsgefechte, neue Anläufe, Irrungen, Wirrungen – alles, was Sie aus den großen Romanen der Weltliteratur kennen und jetzt, ich weiß schon, ganz dringend ganz genau wissen wollen.

Aber: Dafür haben Sie nun wirklich zu wenig Eintritt bezahlt!

Also gut, ich bin ja nicht so. Ein Detail verrate ich Ihnen noch, womöglich sogar das entscheidende.

Denn: was wäre aus uns geworden, wenn nicht eines Tages meine Frau, die damals weit, weit davon entfernt war, meine Frau zu werden, in Heidelberg eine Buchhandlung betreten hätte und ihr Blick plötzlich auf meinen Namen gefallen wäre – auf einem Buch!

Es muss, lachen Sie nicht, wie ein Wink des Schicksals gewesen sein, wie ein göttlicher Fingerzeig.

Noch am selben Abend klingelte bei mir das Telefon. Als ich abnahm, hörte ich ihre Stimme, und wieder wagte ich kaum zu atmen.

Seither weiß ich, dass Gott manchmal ein Buchhändler ist.

Und was ist mit der Kröte?

Nun, stellen Sie sich vor, meine Frau hätte nicht Literaturwissenschaft studiert, sondern … Zoologie. Und hätte ihre Doktorarbeit nicht über Schriftsteller im Internet geschrieben, sondern über das Paarungsverhalten von Landwirbeltieren, von Amphibien, von – genau!

»Ich weiß wirklich nicht«, sagt sie trocken, »ob ich dann mehr oder weniger Pech gehabt hätte.«

Sie schüttelt den Kopf: einmal, zweimal, dreimal. Dann bricht es aus ihr heraus: »Was schreibst du nur für einen Unsinn! Da stimmt ja kein Wort.«

Ich reiße die Augen auf. »Findest du?«

»Mal ehrlich!« Sie runzelt die Stirn. »Was ist daran so interessant? Die sollen lieber ein Buch machen: Wie hält man es bloß mit einem Schriftsteller aus? Wäre viel spannender!«

Irritiert blicke ich sie an. Aber da sie nichts sagt, sondern nur vieldeutig eine Augenbraue hebt, sage auch ich nichts, sondern bemühe mich um so etwas wie ein verwegenes Lächeln.

Da lächelt sie auch.

Perikles Monioudis

Wannsee-Bootspartie

Die klitzekleine Küche, in der ich meiner späteren Frau, der späteren Schriftstellerin Dana Grigorcea, zum Glück früh genug zum ersten Mal begegnete, hatte die nüchterne Anmutung einer Kaffeeecke in einem Kleinbetrieb; und das war die weiß gestrichene Küche ja auch, ein gemeinschaftlicher Ort, den die Mitarbeitenden gelegentlich nutzten und der unter gewissen Umständen auch den Stipendiaten zur Verfügung stand – mithin Jahre zuvor auch mir, der ich nun mit dem damaligen Leiter des Hauses, Ulli, an einem schwülen Juninachmittag in die kontemplative Ruhe hereinplatzte; wie zu meiner Zeit im Hause üblich in der Art der Fußballfans einen Namen skandierend.

Der Name ist mir leider nicht mehr erinnerlich; es konnte sich sehr gut um Vol-ker Ka-min-ski oder um Uwe John-son handeln, um Die-ter For-te oder Wolf-gang Hil-big! Wir hatten uns eine ganze Weile nicht gesehen, und ein Kaffee in dieser Küche, die wir einst gemeinsam aufzusuchen pflegten, tat Not. Ulli Janetzki und seine Frau Hanne hatten sich gewissermaßen um mich gekümmert, als ich 1995 dank eines Stipendiums des Berliner Senats sechs Monate im *Literarischen Colloquium* am Berliner Wannsee wohnen und schreiben durfte. Oft genug war ich am Wochenende bei ihnen zuhause eingeladen, und Ulli unterstützte mich auch, als ich mich eines Tages entschied, in der Stadt zu bleiben – es wurden für mich insgesamt zwölf Jahre in Charlottenburg und Prenzlauer Berg –; wenn es sich ergibt, werde ich noch heute für eine Lesung aus einem neuen Buch ins *Literarische Colloquium* eingeladen und steige in aller Regel auch dort, in der Gründerzeitvilla am See, ab.

Hereingeplatzt sind wir in der Küche nur gerade in die Stille, denn dass ein Gespräch in Gange gewesen wäre, traf nicht zu, außer uns hielt sich niemand in dem kleinen Raum auf. Nach einer Weile erst trat Dana auf den Plan. Sie habe sich im Hause nützlich gemacht, um den geografischen Sprung von Bonn nach Berlin hinzubekommen, sagte sie mir, nachdem sich Ulli in sein geräumiges Büro, in dem sich die Bücher stapelten, begeben hatte, um einen Anruf entgegenzunehmen.

Nach ihrem Germanistikstudium in Bukarest hatte Dana, wie sie mir bald erzählte, auch Romanistik und Niederlandistik studiert, letzteres samt mehreren Semesteraufenthalten in Brüssel und Gent, bevor sie, wiederum mit europäischen Stipendien bedacht, in Krems an der Donau einen Masterlehrgang in Qualitätsjournalismus absolvierte, aus dem sich Arbeitsaufenthalte in Wien beim *Kurier*, in Strassburg bei *Arte* sowie also in Bonn bei der *Deutschen Welle* ergaben. Ich gebe zu, ich war von ihr – insgesamt und im Einzelnen – begeistert.

Das ist alles recht und gut, sagte sie, aber als Städterin hatte sie die Metropole vermisst, eine zum Beispiel wie Berlin. Ich hing an ihren Lippen. Sie hätte mir irgendetwas erzählen können. Als geborene Erzählerin ahnte sie das auch.

Ich kam gerade aus Thessaloniki, hatte Sand in den Schuhen und im Hemd noch den Seewind; in den Jahren zuvor war ich öfter als sonst und viel länger als üblich zum Mittelmeer gereist und hatte dabei in einer höchstpersönlichen Grand Tour auf Schiffen und an der Küste rund ums Mittelmeer an meinem Roman *Land* gearbeitet – auf levantinischen, maghrebinischen, ägäischen, ligurischen, iberischen und anderen Routen, die heute gar nicht mehr befahren werden, über Grenzen hinweg, die damals noch einigermaßen, zumindest für mich, durchlässig waren. Mein Berliner Mobiliar, vielmehr meinen über die Jahre stattlich angewachsenen Haushalt hatte ich in einem sogenannten Storage im Wedding eingestellt, und zwar kurz nachdem ich von einem einsemestrigen Lehrauftrag am *Massachusetts Institute of Technology* in Cambridge bei Boston zurückgekehrt war. Um mich auf die letzte Überarbeitung des Romans zu konzentrieren, hatte ich in Athen eine Mansarde auf dem Hausberg Lykavittos angemietet, eigentlich eher einen improvisierten Anbau auf einer Terrasse, von dem aus ich den weit entfernten Hafen von Piräus und den Saronischen Golf deutlich erkennen konnte, das Pantheon auf der Akropolis im Vordergrund ohnehin.

Ich erzählte Dana, dass ich, was der Wahrheit entsprach, die vergangenen fünf Tage von Kloster zu Kloster wandernd auf der Mönchsrepublik Athos verbracht hatte, worauf sie, wie ich vermutet hatte, sofort ansprach, hatte sie sich doch als Studentin ins Heilige Land nach Jerusalem gestohlen und dort mehrere Wochen lang im rumänischen Kloster der Kirche des Hl. Georg in Me›a Sche›arim zugebracht.

Sie musste wieder ins Büro zurück, und ich ruhte mich im Zimmer aus, wo ich auch kurz in meinem Band *Die Stadt an den Golfen* las und markierte. Ich beabsichtigte, am kommenden Tag daraus vorzutragen.

So kam es, und anwesend war unter den Gästen an diesem warmen Nachmittag unter dem freien Himmel auch Dana, die mir von ganz vorne aus Zeichen machte und lächelte. Kaum hatte ich zu Ende gelesen, drehte ich das Mikro beiseite, erhob mich und ging auf Dana zu. Die Kiesel knirschten unter meinen Schuhsolen, die Sonne blendete mich, der See glitzerte, und mir war, als geschähe all das nur für mich.

Spätestens hier sollte nun Marianne Frisch auftreten, die mich sehr gut kennt und der ich so schnell nichts vormachen kann. Sie durchschaute auf der Stelle, was es hier womöglich zu durchschauen gab. »Peri, Peri!«, mahnte sie mich mit erhobenem Zeigefinger und lachte mir bündlerisch zu. Sie sah mich und Dana dann zur steinernen Balustrade hinuntergehen, beieinander untergehakt.

Leute setzten sich zu uns, Bekannte; wir machten, dass wir recht bald weitergingen. Mitten am Nachmittag fanden wir uns am Anlegehafen Wannsee wieder. Wir setzten uns ins Gras. Wir küssten uns zum ersten Mal. Die Wannsee-Bootspartie, die wir eigentlich unternehmen wollten, entfiel.

Als wir am Abend auf die S-Bahn nach Charlottenburg warteten, hatte mich Dana schon auf das Sofa in der WG eingeladen, in der sie seit ein paar Wochen lebte. Ich ließ mich natürlich umgehend darauf ein.

Kaum aber hatten wir uns in der S-Bahn hingesetzt, erkannte ich Marianne Frisch gemeinsam mit befreundeten Autorinnen auf dem Bahnsteig stehen. Sie wollte wieder mit dem Zeigefinger mahnen, und ich glaube, sie tat es auch. So oder so musste sie die nächste Bahn nehmen.

Zwei wunderbare Wochen später holte ich Marianne an einem sonnigen Morgen in Zürich zum Frühstück ins Hotel *Eden au Lac* ab. Wir redeten wie immer zunächst lange über die jüngste Lektüre, nicht zuletzt deshalb, weil wir oft derselben Meinung sind; zumal wenn es in der Literatur um das Verhältnis von Erzählen und Verschweigen geht.

Ein Anruf erreichte mich. Es war Dana aus Berlin. Wir hatten schon alles geregelt: sie würde eine Zeitlang in mein Athener Versteck mitkommen. Als ich aufgelegt hatte, wollte Marianne wieder mit dem Zeigefinger mahnen, aber sie ließ es.

Mehr noch, als Dana und ich ein paar Wochen später in Berlin ein Zimmer anmieteten, sahen wir Marianne ziemlich oft. Sie war es auch, die uns, nachdem ich Dana von einem Umzug nach Zürich überzeugt hatte, für die erste Zeit ihre Wohnung in der Zürcher Plattenstraße öffnete. Drei Monate, während derer Marianne in ihrer Berliner Wohnung in Friedenau blieb, genossen Dana und ich freies Gastrecht bei ihr in Zürich. Eine einzige Bedingung stellte sie uns: die mittlere Schublade in der Kommode im Wohnzimmer durften wir unter keinen Umständen öffnen. Marianne deutete persönliche Gegenstände und beschriebenes Papier aus dem Besitz ihres geschiedenen Gatten Max an, der 1991 in Zürich gestorben war.

Dana und ich suchten von der Plattenstraße aus eine Wohnung; wir wurden im Kreis vier fündig. Wir bezogen die Wohnung in der Hohlstraße bei der Bäckeranlage am 1. September 2007; wir vermählten uns am 17. Dezember desselben Jahres. Unsere Tochter kam 2010 zur Welt, unser Sohn 2012. Vor etwas mehr als zwei Jahren zogen wir nach Zürich Hottingen um, ganz in die Nähe der Plattenstraße, wo alles seine Grundlage bekam. Berlin, ja, Berlin besuchen wir regelmäßig.

Urs Faes

Veilchen und ein Hauch von Bergamotte

Er trat aus der *Sonne* ins Spätnachmittagslicht, blinzelte, blieb stehen, dieser einzelne Stolperstein, mitten auf dem Kopfsteinpflaster beim Rathaus: da hielt er an. Auch hier? Er war gern in dieser Kleinstadt zwischen Rhein und Reben, dem Tor in die schwarzen Wälder, mit Raunächten und Wortspielen, vogesennah und baggerseelicht. Er las die Aufschrift, notierte, ging weiter, ein Stück Hauptstraße, dann beim Bäcker *Immer lecker* in die Schlachtergasse einbiegen, sonderbarer Ort für eine Buchhandlung, die nicht Abgehangenes hortete, sondern mit Nuancen und Details Akzente setzte, fürs Lesen und Lassen (des Unnützen in der Welt), immer wieder: Vordach aus Poesie, Tor zum Bücherwunder.

Würde sie auch da sein? Die Frage war schneller als sein schlendernder Gang und banger als der Asphalt, der hell schimmerte.

Die Buchhändlerin nahm ihn in Empfang. Wir sind ausgebucht. Er bahnte sich einen Weg durch die Menge, sein Tisch stand mittendrin.

Sie hatte das Interview telefonisch geführt, die Fragen zu Leben und Schreiben klug formuliert; die Tücken des autobiographisch Erfahrenen in der Fiktion, das interessierte sie. Er wusste Antworten. Wenn man von dem ausgehe, was man kenne, das eigene Leben, gelte es eine Sprache zu finden, einen Rhythmus, durch den das Autobiographische im Erzählten aufgehe, exemplarisch werde. Sie kannte seine Texte besser als er selbst. Sie hakte nach, nach den Erfahrungen, die diesem Erzählen vorausgegangen waren. Er horchte auf ihre Stimme, eine Altstimme, ein weiches Timbre, das ihn erreichte und nachklang. Es war ein langes Gespräch gewesen, beide hatten am Schluss geseufzt, dann gelacht.

Er zwängte sich hinter sein Tischchen, überflog die Gesichter, die fröhlich wirkten. Woher so viel Heiterkeit vor einer Lesung, dachte er, aus einem Buch, in dem es auch um das Versäumte ging. Eine fröhliche Lesergemeinde, die Wände voller Bücher, aus denen es duftete wie eine Sommerwiese nach Salbei und Johanniskraut, nach Rhein und Loreley – was wollte er mehr?

Und ihre Hände? Er stutzte über seinen Einfall, nickte der Buchhändlerin zu, die ihn als Gast der diesjährigen Wort- und Satzspiele begrüßte.

Sie übergab ihm das Wort. Er machte einige Sätze zur Geschichte von Andreas und Meret, die sich unter besonderen Umständen, im Spital nämlich, nach Jahren wiedertrafen, ein Liebespaar, Jahre nach der Trennung. Er nahm einen Schluck Wasser, bevor er zu lesen begann, und ließ seine Blicke in die Menge schweifen, schnell und flüchtig. Keine Altstimme, keine offenen Hände, aber ein Hund, der, an der Eingangstür hochsprang und heftig lechzend, Zutritt verlangte.

Kaum hatte er die ersten Sätze gelesen, blickte er nochmals auf, dieses Gesicht musste es sein, dieser helle, leichte Schimmer, ein verhaltenes Strahlen aus zwei Augen von herzbewegendem Blau, von Tiefe und Offensein, aber vielleicht war das schon Verklärung. War da ein unmerkliches Nicken als Zustimmung.

Offen und verletzlich habe Meret nach Jahren wieder vor Andreas gestanden und zunächst ohne Worte. Eine Botschaft dieser Art kann uns stumm machen, sagte er, blickte streng, schon beinah mürrisch.

So jung hatte er sich die Altstimme nicht vorgestellt; er bedauerte das, während er weiterlas. Nichts weiter. Die Geschichte gab es schon: Der gesetzte Herr und die mädchenhafte Frau. Nicht zu leben für einen, der Klischees verabscheute, auch dann, wenn sie eine Wirklichkeit bestätigten, die viele lebten, auch Schreiber, die ihre Blockade durch eine junge Liebe milderten, darin ein wenig Svevo waren. Traurig, dachte er, grau wie die Abenddämmerung, die einfiel. Sein Atem ging schwer, wie der von Meret, als sie mit Andreas durch den Regen schritt. Er las jetzt konzentriert, beflügelt durch die Atmosphäre in der Buchhandlung, diesem Duft nach Papier und Vers und großem Gesang, ein Summen nach Blumen-, Furcht- und Dornenstücken, Verführung, die nur Bücher schaffen und Frauen: zu sein, was wir lesen, mehr als wir leben, eine Vorahnung von Paradies.

Er ließ Meret und Andreas in ein Gespräch fallen, während sie langsam miteinander unterwegs waren, im Rhythmus des Regens, unbeirrt davon, dass ihre Schuhe Wasserflecken zeigten, die Strümpfe verrutschten; unter einem Baum blieben sie stehen, eng aneinander gelehnt, zwei, die sich im Gespräch wiedergefunden hatten, als hätten sie heimgefunden.

Er blickte vom Buch auf, entdeckte die Lyrikreihe im Gestell, hörte ein Gedicht, von zweien, die eines Tages beim Lesen eines Buches innehielten, dabei in die Liebe fielen und nie mehr voneinander lassen konnten. Unter der Lyrikreihe, leicht schräg, fast schon im Profil zu ihm, wieder dieses Gesicht, Altstimme und Augenblau, er sah die Strähne in der Stirn, ein Büschel Nackenhaar, das keck sich erhob über den flaumbedeckten Nacken, ein Regenvordach, das ihn schmunzeln und rasch wieder nach der Lyrikreihe blicken ließ; und da, unvermittelt, diese Augen, welche die seinen trafen und hielten.

Seine Stimme stockte, seine Hände um das Buch zitterten. Schwand ihm der Boden, verlor sich die Sicht auf die Bücher und Gesichter, die Straße draußen und das Land? Er räusperte sich.

Die trockene Luft, nuschelte er, griff zum Wasserglas, trank und seufzte.

Wie gut so ein Nackenhaar, Wasserglas, korrigierte er sich, sah über die Zuhörenden, die amüsiert zu ihm aufsahen, hinweg auf die Passanten draußen, die neugierig hereinblickten, die Nasen am Glas.

Andreas und Meret, sagte er jetzt, finden sich im Gehen durchs Bergell, Richtung Süden, wo das Licht herkommt und das Schwere leicht wird. Mit dieser Sequenz, dem Gang durch die Kastanienwälder, wolle er schließen.

Wieder bebte seine Stimme leicht, er griff nochmals zum Wasserglas. Seine Augen fielen über die Bücherwände, aus denen die Zeilen summten, leise und leicht; im Lyrikklang und Eposraunen, die schon die Haut beben, das Herz springen, die Leidenschaft glühen ließen, geschah Verwandlung – und dann noch ein Augenhimmel, ein Nackenhaar, flaumleicht unterm rebellischen Strähnenwirbel, ein Wangenrouge, ein schmaler Mund, halbgeöffnet.

Sein Lesen durchs Bergell war jetzt sonderbar vergnügt, seine Augen fielen unbekümmert, dann und wann, in die andern Augen unterm Lyrikgestell, als läse er eine Verszeile, für Augen-Blicke, wie die Lyrik sie schuf, das Bild von offenen Händen, die nach Veilchen duften und einem Hauch von Bergamotte, von Aug und Nackenhaar und einem zarten Wehen. Er wusste, wenn Augen und Hände zu sprechen begonnen haben, dann redet etwas weiter in uns, wir hören es doch.

Er hörte es, las, sah zur Lyrikreihe, zum Gesicht darunter, als wäre es aus dem Klang der Zeilen gewachsen, selber ein Klang, mal kalekokeck, mal laskerschülertief, mal ringelnatzheiter, mal rilkeelegisch still, aber immer ein Klang, ein Blick wie ein Vers, und er hörte von der Lyrikreihe herab Verszeilen, aus den Seiten heraus- und niederschwebend: *Lösch mir die Augen aus, ich kann dich sehn, / wirf mir die Ohren zu, ich kann dich hören ...*

Und er ahnte schon, etwas würde sie forttragen, wohin auch immer, durch Auen und Ebenen, über Flüsse und Seen, würde sein und bleiben, ein Großes, wenn sie es denn fassen könnten. Er hörte es, während er las, unter all den Menschen und Büchern, aus denen Seiten und Zeilen summten, ein Klang, der Poren öffnete und Herzen, büchersanft und leserzart, ein Sonnengesang von Vers und Form: *Man braucht nur eine Insel / Allein im weiten Meer / Man braucht nur einen Menschen / Den aber braucht man sehr.* Das Lesen ging der Liebe voran. So war es immer schon. So waren die beiden davon geflogen, die im Lesen sich gefunden hatten, aus einem Leben in ein anderes Leben: *So unter Sonn und Monds wenig verschiednen Scheiben / Fliegen sie hin, einander ganz verfallen.*

Er schloss sein Buch, dankte für die Aufmerksamkeit, gab der Hoffnung Ausdruck, sie würden vom Hören nun zum Lesen finden, denn nirgends sind wir so sehr bei uns als im Lesen und Schreiben, und in der Liebe, schob er dazwischen, erhaschte den Augenhimmel, blieb darin und fügte an, lesend übersetzen wir Gegenwärtiges in Zeichen, finden wir aus Zeichen Gegenwart.

Er signierte. Vielen. Aber einer Altstimme nicht.

Er verabschiedete sich schnell aus dem kleinen Kreis, tändelte zum Hotel, selbstvergessen, im Bilderwirbel der Müdigkeit, hörte die Silben, sah die Strähne, das Blau.

Die Blume auf dem Nachttisch duftete stark, eine weiße Rose, das Mailied daneben, obwohl erst April war, ein Gruß in kindlich reiner Schrift.

Den Zettel entdeckte er später: die Einladung für einen Gang in die Vogesen, den Weg auf den *Mont Sainte Odile*, den Berg der Heiligen Odilie, die Blinde heilte. Er schlief unruhig, stand manchmal am Fenster, sah auf die nächtliche Kleinstadt zwischen Reben und Rhein. Sesenheim war nicht weit.

Das Frühstück schmeckte nicht, zu lau der Kaffee, zu kalt die Früchte, zu groß das Sehnen.

Ihr Gesicht im Türrahmen, ein Lachen, löste ihn aus dem Stein, ein Lichtstreif fiel durch den Raum, quer übers Parkett, und selbst den Holzbären auf die Pranke.

Brote hätte ich dabei, Äpfel auch.

Sie reichte ihm die Hand.

Veilchen und ein Hauch von Bergamotte. Jetzt fand er zu einem Lachen.

Der Weg führte an der Buchhandlung vorbei; im Fenster tanzten die Verse, flogen die Zeilen, raunten die Rhythmen.

Sie summen wieder, mit Frucht- und Blumenstücken und verheißen etwas von dem, was die Bücherwelt schon immer war: ein Paradies, das keine Vertreibung kennt, aber Akzente setzt. Sie nickte.

Als sie unvermittelt und ohne Anlass anfügte, auf ihrer Terrasse brenne immer eine Kerze, die auch in die Ferne leuchte, in die Rheinebene und die Vogesen, wurde sein Gesicht heiter und leicht. Mit diesem Licht würde einer immer heimfinden, zu Nackenhaar und Augenhimmel.

Lass uns gehen, sagte er.

Eva Baronsky

Orange

Im Fenster der Buchhandlung hängt ein Gesicht. Sie sieht es und sonst nichts mehr. Das Gesicht sieht genauso aus wie der Mann, den sie lieben könnte. Er schaut ernst, und doch scheint es, als lächle er. Von innen. Ein Strahlen liegt in seinen Augen, und sie spürt, es gilt ihr. Das Foto ist schwarzweiß, trotzdem erkennt sie, dass seine Haare braun sind, mit grauen Strähnen. Seine Brauen sind auch dunkel, ebenso wie seine Augen. Er ist es. Der, auf den sie gehofft hat. In seinem Namen steckt der Name einer Blume. Einer Blume, die immer mit der Liebe in Verbindung gebracht wird. Sie hat keinen Zweifel.

Sie liebt Blumen. Sie kann fast jede Blüte am Duft erkennen. Und die meisten Blätter, indem sie sie mit der Zungenspitze berührt. Bis letzten Herbst hat sie gelegentlich noch im Blumenladen gearbeitet. Dann hat die Inhaberin das Geschäft an eine Nachfolgerin verkauft. Sie wäre selbst gern diese Nachfolgerin geworden, aber die Chefin meinte, das ginge doch nicht. Vermutlich hatte die Chefin recht, aber sie war dennoch traurig darüber.

Der Mann auf dem Plakat schreibt Bücher. Romane. Er ist ein Schriftsteller. Sie hat noch keines seiner Bücher gelesen, und eigentlich hat sie seinen Namen nie zuvor gehört, dennoch ist ihr, als kennte sie ihn. Immer schon. Sie weiß, dass er es ist, auf den sich ihre Sehnsucht richtet. Auf dem Plakat steht, dass er die Buchhandlung besuchen und aus einem seiner Bücher lesen wird. Im Titel des Buchs kommt das Wort Sehnsucht vor, was ihr in keiner Weise überraschend, sondern ganz natürlich erscheint, alles andere wäre eine Überraschung gewesen.

Sie betritt die Buchhandlung und kauft eine Eintrittskarte für die Lesung. Und sie kauft das Buch, auf dessen Cover eine orangefarbene Gerbera gemalt ist. Gerbera mag sie nicht besonders, aber sie liebt Orange. Das Buch ist sehr dick. Ihr bleiben zwei Tage.

Sie liest bis tief in die Nacht hinein, bis ihr die Augen zufallen. Sobald sie erwacht, liest sie weiter. Sie lebt allein. Bis vor kurzem hatte sie einen Kater, der ihr jetzt fehlt, doch der Kater war altersschwach und ist vermutlich gestorben. Eines Tages ist er gegangen und nicht wiedergekommen, sie wartet dennoch, dass er zurückkehrt, und malt sich aus, wie er in der Zwischenzeit aufregende Tage verbringt.

Früher gab es auch Männer in ihrem Leben. Einer wäre fast geblieben, weil er selten da war, er wohnte woanders, doch eines Tages kehrte er nicht zurück. Eines Tages verschwinden alle aus ihrem Leben, wie die Mutter, damals, als sie sieben war. Die Mutter ist abends eingeschlafen und morgens nicht mehr aufgewacht. Der Vater hat dafür gesorgt, dass sie schnell abgeholt wurde, damit das Kind den Anblick nicht ertragen musste. Aber gar keinen Anblick der Mutter, nie mehr, das war viel schlimmer als eine tote Mutter zu sehen. Sie hätte gern die kalte Hand angefasst. Auch das malt sie sich manchmal aus, wie sie die Mutter berührt, und sie redet mit ihr und fragt sie um Rat, wenn sie nicht weiter weiß.

Sie hat schon viele Bücher gelesen, aber dieses ist anders. Es spricht zu ihr. Sein Autor spricht zu ihr, richtet sich direkt an sie, mit jedem Satz offenbart er, dass er um sie weiß, sie kennt – ihre Gedanken, ihre Hoffnungen, Ängste, Wünsche. Es handelt von der Liebe. Einer Liebe, die sich erst nach langen Jahren des Sehnens erfüllt.

Auf der Innenseite des Umschlags befindet sich ein Foto des Autors. Er sitzt an einem Schreibtisch, hinter sich eine Wand voller Bücher, und sie hat keinen Zweifel, dass er tatsächlich an sie gedacht hat, als er diese Geschichte geschrieben hat. Es gibt eine Verbindung zwischen ihnen, und wenn sie die Augen schließt und fest an ihn denkt, dann weiß sie, dass auch er es spürt. Sie sieht ihn vor sich. Sieht, wie er sein Zimmer durchquert und Sachen in eine Tasche packt. Sorgfältig, sorgfältiger als sonst, weil er weiß, dass es eine besondere, eine endgültige Reise wird, eine Reise ans Ende der Sehnsucht.

Sie sei zu früh, sagt der Buchhändler, die Veranstaltung beginne erst um sieben, aber sie setzt sich trotzdem in die erste Reihe, gegenüber dem Pult, auf dem eine Leseleuchte und ein Wasserglas stehen. Sie hält das Gerbera-Buch auf dem Schoß, darauf den Strauß mit den echten Gerbera, den sie für ihn gebunden hat. Die Frau im Blumengeschäft wollte nicht, dass sie das selbst tut, das sei nicht üblich, aber sie hat es sich nicht nehmen lassen.

Gedämpft hört sie den Buchhändler mit seiner Mitarbeiterin sprechen. Nach einer Weile kommen weitere Zuhörer ins Geschäft, nehmen hinter und neben ihr Platz, ein älterer Herr nickt ihr zu, in seinem Blick liegt erstaunter Respekt, als wisse er um ihre Verbindung zu dem Mann, der gleich vor ihnen sitzen und lesen wird.

Dann hört sie eine Stimme, eine weiche und dennoch männlich-tiefe Stimme. Sie schließt die Augen, gibt sich ganz dem Klang und der Einmaligkeit des Moments hin, Freude überwältigt sie, sie spürt Tränen aufsteigen und holt tief Luft. Als sie sich lächelnd umdreht, sieht sie ihn im Gespräch mit dem Buchhändler. Er wirkt fülliger als auf dem Foto, kurz lässt er den Blick über die besetzten Stühle schweifen, da hebt sie die Hand zum Gruß. Er deutet ein Nicken an, eine ernste, scheue Geste, wendet sich dann wieder dem Buchhändler zu. Die Mitarbeiterin schenkt Wein aus, am liebsten würde sie aufstehen und sich auch ein Glas holen, direkt neben ihm könnte sie dann stehen und ihm zuprosten, aber sie darf nicht, wegen der Medikamente. Als ihr einfällt, dass sie auch Wasser nehmen könnte, kommen die beiden Männer bereits nach vorn.

Er nimmt am Pult Platz, wartet mit gefalteten Händen, dass der Buchhändler seine Begrüßungsrede beendet. Sein Blick trifft sofort auf ihren. Verharrt dort für einen Moment des Erkennens, des Erschreckens fast, ehe er rasch zur Seite schaut, sichtlich überwältigt von der Wucht der Begegnung. Rührung überkommt sie, ein mütterliches Gefühl der Milde. Ein sensibler Mensch, natürlich. So viel verzagter geht er mit seinen eigenen Gefühlen um, als er es in den Büchern tut, wo er sie geradezu verschwenderisch verteilt. Sein Blick, denkt sie plötzlich, ist eine sanft gepflückte Wiesenanemone, seine Bücher dagegen sind üppige Buketts, und sie ist fasziniert von der Poesie dieses Vergleichs, der ihr überraschend eingefallen ist.

Hingerissen lauscht sie seinem Vortrag, sieht ihn an, unentwegt, blickt ihm ihre Liebe entgegen, lächelt ihm all die Wärme zu, die sie zu geben hat, und die er doch so nötig braucht. Sie betrachtet seine Hände, die jetzt noch das Buch halten, in Vorfreude auf deren Zärtlichkeit. Manchmal sieht er auf, richtet seinen Blick ins Publikum. Meidet sorgfältig den ihren, um nicht aus dem Konzept zu geraten. Diese Freude, das spürt sie, hebt er sich für später auf.

Dann geht alles ganz schnell. Er lässt das Buch sinken, klappt es zu, bedankt sich lächelnd, steht noch während des Applauses auf und packt das

Buch in seine lederne Mappe. Der Buchhändler erscheint, erklärt, dass der Autor, entgegen der Planung, sofort aufbrechen müsse, aufgrund eines Krankheitsfalls in der Familie. Er bittet um Verständnis, es gebe trotzdem noch Wein, und bereits signierte Bücher seien an der Kasse erhältlich. Er schüttelt dem Gast die Hand, begleitet ihn zum Ausgang, wo der Autor noch eilig ins Publikum winkt. Durchs Schaufenster sieht sie ihn in ein Taxi steigen.

Mit den Blumen auf dem Schoß sitzt sie da, wie eingefroren, nur das Ziehen spürt sie, wie es schlagartig durch ihren Körper fährt, bis hoch in die Augen. Die Welt ist grauschwarz, und sie schämt sich für den Gedanken, dass es je hätte anders sein können. Sie wartet, bis die Zuhörer dem Buchhändler zur Weinbar gefolgt sind. Das Aufstehen kostet Mühe, weil alles taub ist. Sie existiert nicht. Auch die Blumen existieren nicht – sie bettet sie auf eine Reihe von Büchern in ein Regal. Den Blick zur Tür gerichtet verlässt sie das Geschäft, grußlos. Sie existiert nicht. Draußen ist es kalt, die Feuchtigkeit auf ihrem Gesicht lässt sie den Wind spüren wie Metall. Auf dem Weg nach Hause kriecht sie in das Grau hinein, immer tiefer, hüllt sich darin ein. Sehnsucht. Sehnsucht nach Schlaf.

Petra Hartlieb

»Liebe Frau Hartlieb. Es hat mich sehr gefreut …«

Ich kann nicht erkennen, ob er schläft.

Trübes Licht fällt durch die halb zugezogenen Vorhänge, ich habe die Augen nur einen Spalt geöffnet und erahne einen Schreibtisch, davor steht ein Stuhl, auf dem ein Anzug liegt, das Jackett schief über der Lehne, ein Ärmel hängt auf den dunkelroten Teppichboden.

Mit geschlossenen Augen atmet er gleichmäßig ein und aus, aber das bedeutet nichts, denn auch ich lag bis eben mit geschlossenen Augen und gleichmäßigem Atem. Geschlafen habe ich nicht. Ich drehe mich langsam zur Seite, um ihn besser anschauen zu können. Falls er die Augen aufschlägt, kann ich immer noch so tun, als würde ich schlafen, der Augenblick des Wiedersehens muss lange rausgezögert werden.

Ich kann nicht erkennen, ob der ruhige Atem der eines Schlafenden ist, weil ich den Mann, der neben mir im breiten Doppelbett liegt, nicht kenne. Ich weiß nicht, wie er atmet, wenn er schläft, ich weiß auch nicht, wie er atmet, wenn er nicht schläft. Ganz langsam rücke ich an den Rand, schiebe ein Bein aus dem Bett und setze den Fuß auf den Boden. Der Teppich fühlt sich weich an, ich glaube, es ist ein teures Hotel.

Unbemerkt schaffe ich es ins Badezimmer, oder aber er bemerkt es und ist so rücksichtsvoll, die Augen nicht zu öffnen. Ich suche unter der Decke meinen Slip, das T-Shirt liegt zerknüllt auf dem Boden, der BH ist irgendwo verloren gegangen und im grellen Licht des Badezimmerspiegels blickt mir ein müdes Gesicht mit verschmierter Wimperntusche entgegen. Lange stehe ich unter der Dusche, das Wasser läuft in einem breiten Strahl über meinen Kopf, über meinen Körper, ich wasche mir die Schminke vom Gesicht. Ich möchte für immer unter dieser Dusche stehen, das heiße Wasser auf meiner Haut spüren.

»Guten Morgen.« Er sitzt im Bett, die Decke bis ans Kinn gezogen und lächelt mich verlegen an, als ich, eingewickelt in ein Badetuch, aus dem Bad komme. Das Tuch ist sehr groß, sehr flauschig und sehr weiß. Es ist ein wirklich teures Hotel.

»Guten Morgen. Ich muss los. Mein Zug fährt in zwei Stunden und ich muss meine Sachen noch holen.« Ich sammle meine Klamotten ein, Strümpfe, eine zerknitterte Bluse, einen Kostümrock. Den BH, den ich unter der Bettdecke hervorziehe, stecke ich in meine Handtasche.

Und dann stehe ich auf der Straße vor dem Hotel, mein Herz klopft, und bis ich bei der Tür draußen bin, warte ich darauf, dass der Herr an der Rezeption mich anspricht, um zu fragen, was ich denn hier zu suchen hätte. Er sagt natürlich nichts und ich springe ins nächste Taxi. Das ist viel zu teuer, aber meine Frühstückspension liegt weit außerhalb des Stadtzentrums und ich muss meine Sachen holen. Um zehn fährt mein Zug vom Leipziger Bahnhof ab.

Nun ist es also passiert. Ich habe meinen Freund betrogen. Also, nicht richtig, aber ich habe die Nacht mit einem fremden Kerl in einem Hotelzimmer verbracht, und auch wenn es nicht zum Äußersten gekommen ist, kann ich es nicht leugnen: Ich habe meinen Freund betrogen.

Es war meine erste Messe alleine. Buchmesse ohne Chefin, die hatte in Wien ein paar wichtige Society-Termine, also fuhr ich, die Pressefrau des kleinen Wiener Verlags, ohne sie nach Leipzig. Bisher war ich immer mit der Chefin dort gewesen – sie war es, die mir beigebracht hat, wie man auf die Gästeliste jeder Party kommt, wie man Austern ist und ein Champagnerglas hält. Doch nun bin ich allein, wohne in einer billigen Frühstückspension außerhalb der Stadt, gehe zu *McDonalds* essen und fühle mich ein bisschen einsam, in meinem billigen H&M-Kostüm und den unbequemen Schuhen.

Den netten jungen Mann hat mir meine Freundin Ulla vorgestellt, er stand an der Infotheke des Rowohlt-Messestands und gab uns einen Kaffee aus. Und mir hat er ein Buch geschenkt. Und ein Wolf-Haas-Werbe-T-Shirt mit einer hässlichen

Bulldogge drauf. Ich freue mich über ein Buch und ein Wolf-Haas-Werbe-T-Shirt wie andere Frauen über Schmuck oder Handtaschen.

Und dann haben wir uns verabredet auf der großen Buchhändlerparty in der *Moritzbastei*, für die ich natürlich keine Karte hatte, weil viel zu teuer, aber er hat für Ulla und mich Karten organisiert. Ulla hatte noch einen Termin, also ging ich alleine vor, er wollte später kommen, musste vorher noch zu einer Verlagsveranstaltung. Angeblich. Ich war sicher, dass er nicht kommen würde.

Auf den Knien einen Teller vom Buffet balancierend, neben mir ein Glas warmen, weißen Spritzer, der hier Weißweinschorle heißt, und voll darauf konzentriert, mir die Mayonnaise des Nudelsalats nicht auf den Rock zu kleckern, sitze ich auf einer der vielen Stufen in der Nähe des Eingangs und versuche so auszusehen, als wäre ich völlig entspannt, als würde ich die meisten Leute hier kennen oder mir es zumindest nichts ausmachen, dass ich die meisten Leute hier nicht kenne, dass ich eigentlich niemanden kenne.

Er wird nicht kommen, und wenn er kommt, werde ich ihn nicht sehen, in diesem unübersichtlichen Kellergewölbe sind mindestens tausend Leute. Ich werde diesen schrecklichen Nudelsalat aufessen und meinen Wein austrinken und dann werde ich die letzte Straßenbahn in meine Pension nehmen, denn Spesenabrechnungen mit Taxiquittungen sind immer schwierig, trotz Villa in Hütteldorf, Austern und Champagner.

»Schön, dass du da bist« und »Ich hol mir schnell ein Bier, bleib einfach da sitzen«, und dann sitzen wir zu zweit auf den Stufen, es ist uns egal, dass dauernd irgendwelche Menschen über uns klettern, dass wir ständig zur Seite rücken müssen, und irgendwo in einem der hinteren Kellerräume spielt eine Band und der Sänger sieht aus wie Manfred Krug in Cowboyhosen oder es ist Manfred Krug in Cowboyhosen, jedenfalls tanzen wir die ganze Nacht, und alles ist gut, und ich denke nicht daran, dass die letzte Straßenbahn längst weg ist, denke nicht an die Chefin, nicht an Wien, nicht an den Freund in Wien und nicht daran, dass ich in ein paar Stunden wieder zurück muss in mein altes Leben. Nur an das Kind denke ich kurz, und in einer Verschnaufpause stelle ich *die* Frage: »Hast du eigentlich Kinder?«

»Nein.«

Warum fragt er nicht zurück? »Und willst du welche?« Ich hab zu wenig Zeit in meinem Leben, ich kann es mir nicht leisten, diplomatisch zu sein, man kann die Wege abkürzen.

Dieser wird allerdings ziemlich abrupt abgekürzt, denn er sagt einfach »Nein.« Nein, einfach nein. Zu mir, die ich mit knapp dreißig einen zehnjährigen Sohn habe, den ich alleine großgezogen hab, und die ich mindestens noch ein weiteres Kind will, diesmal vielleicht mit einem Partner, der mir nicht erzählt, wie langweilig ich bin, wenn ich lieber beim fiebernden Kind zuhause bleibe, statt Tanzen zu gehen.

Abgehakt. Wir widmen uns wieder Manfred Krug, inzwischen hab ich viele Freunde auf der Tanzfläche, habe ich mich hier jemals fremd gefühlt? Mir doch egal, wenn der keine Kinder mag, mir doch egal, was morgen ist, ich bin jung, das Kind ist bei der Oma gut versorgt, der Gin-Tonic kommt mit Eiswürfeln und die unbequemen Schuhe habe ich längst ausgezogen.

Im Zug bin ich sicher, mein altes Leben geht weiter, niemand wird von dieser Nacht im fremden Hotelzimmer erfahren, ich werde das Kind von der Oma abholen, der Chefin über die Buchmesse Bericht erstatten, und ansonsten werde ich mich klammheimlich auf die Suche nach einem Vater für meine Kinder machen, für das fast-schon-pubertierende und für das noch nicht gezeugte. Der, der in Wien am Bahnhof steht, wird es nicht sein, und der, der sich im Leipziger Hotelzimmer gerade seinen Anzug für den Messetag zuknöpft, wohl auch nicht.

Warum haben wir eigentlich keine Telefonnummern ausgetauscht? Zwischen Bruce Springsteen und *Element of Crime* wäre der perfekte Zeitpunkt dafür gewesen.

Am Wochenende erhole ich mich, gehe mit Freund und Kind spazieren, denke hin und wieder an die Nacht im Hotel und habe ein schlechtes Gewissen. Nicht zu sehr, aber ein bisschen. Es ist einmal passiert, es ist vorbei, niemand wird es je erfahren, es wird nicht wiederholt werden.

Wir schreiben das Jahr 1999. Damals gab's schon Internet. Und E-Mail. In unserem Verlag liefen alle

Mails in einer Adresse zusammen, sie wurden von der Sekretärin ausgedruckt und an die jeweiligen Mitarbeiter und Mitarbeiterinnen verteilt.

Auf meinem Tisch lag eine ausgedruckte Mail: *Liebe Frau Hartlieb. Es hat mich sehr gefreut, dass wir uns auf der Messe in Leipzig kennengelernt haben. Sehr gerne würde ich unser angeregtes Gespräch an einer anderen Stelle fortführen. Mit herzlichen Grüßen, Oliver* B.

Lídia Jorge

Der Schneesturm

Die Geschichte, die ich erzählen will, ereignete sich in einer Stadt, die vor vielen Jahrhunderten an einem See gegründet wurde, aber ich werde weder den Namen der Stadt noch den des Sees nennen. In der Stadt gibt es eine phantastische Bibliothek, eingeweiht in den zwanziger Jahren des letzten Jahrhunderts, sie ist rot, und obwohl sie der Schauplatz der Geschichte ist, von der ich berichten will, werde ich sie nicht näher benennen. Natürlich gibt es in dieser Geschichte auch Personen mit richtigen Namen, wie könnte es anders sein. Auch deren Namen werde ich nicht nennen. Ich bitte um Entschuldigung, aber ich darf es nicht. Die Protagonistin ist eine noch junge Frau mit langem Haar, das sie gelegentlich zum Zopf geflochten, aber sonst offen trägt, und nur damit sie hier nicht namenlos bleibt, nenne ich sie Laura Walter. Laura Walter war also auf dem Flughafen der Stadt gelandet, deren Namen ich nicht nenne, war in einem Hotel abgestiegen, das ich auch nicht nenne, und nachdem sie sich von der langen Reise ausgeruht hatte, hatte sie sich am frühen Abend des nächsten Tages auf den Weg zu der Bibliothek gemacht, deren Name unter dem Blatt Papier verborgen bleibt, auf dem ich schreibe.

Alles fing harmlos an.

Sie, besagte Laura Walter, traf eine Stunde früher als vereinbart in der Bibliothek ein, wo die Direktorin sie an diesem Januarabend erwartete. Die freundliche Bibliothekarin bot ihr einen heißen Tee an und sagte, sie rechneten mit rund hundert Personen. Zwischen achtzig und hundert, das sei immer die Anzahl der Leser, die zu ihnen kämen, seit die gesamte Mailingliste bedient werde, die viertausend Adressen enthalte. In ihrer Stadt stünden die Anzahl verschickter Mails und die der Teilnehmer immer in einem konstanten Verhältnis zueinander. Darauf könne man sich verlassen, es gebe keine Überraschungen. Es sei denn, der zum Vortrag eingeladene Gast sei nicht attraktiv, was aber nicht der Fall sei. Ihr ins Englische übersetztes Buch sei ja als Juwel bezeichnet worden.

Ja, man hatte ihr Buch als Juwel bezeichnet, trotzdem war Laura Walter unruhig. Was, wenn diese Konstante durchbrochen würde und nur fünfzig oder vierzig Personen zur Veranstaltung erschienen? Die Plakate waren wohl überlegt verteilt, Informationen sorgfältig vorbereitet worden, und nun erfuhr sie, dass man viertausend Einladungen verschickt hatte. Und doch befürchtete sie eine Enttäuschung angesichts der Erwartungen der Direktorin dieser großen modernen, höchst modernen, vorbildlichen, fast hundert Jahre alten Bibliothek. Ein Mythos von einer Bibliothek, und sie eine Stunde früher als notwendig dort, um sich mit dem Ambiente und dem Ort vertraut zu machen. Da kam eine Mitarbeiterin herein und sagte etwas erst in der Landessprache, dann auf Englisch. Ein Schneesturm sei angekündigt. Ein plötzliches Tiefdruckgebiet über dem Meer habe eine Kaltfront Richtung Festland geschickt. Man müsse damit rechnen, dass vermutlich nur die Hälfte des erwarteten Publikums zur Veranstaltung kommen werde.

»Mindestens fünfzig werden kommen«, sagte die Direktorin, sehr ruhig, sehr sicher, und schenkte Laura Walter eine zweite Tasse Tee ein.

Aber die Mitarbeiterin blieb dabei. »Das glaube ich nicht, die Unwetterwarnung ist für meinen Geschmack zu eindeutig. Im letzten Jahr haben wir das schon einmal erlebt. Die Leute werden sich Sorgen machen wegen ihres Heimwegs. Wir können von Glück sagen, wenn heute Abend fünfundzwanzig kommen …« Dann schaltete sie ein kleines Radio ein, und beide hörten, wie in der Landessprache vor dem nahenden schlimmen Schneesturm gewarnt wurde.

»Was machen wir nun?«

»Wir gehen früher ins Auditorium. Wenn dann weniger als zehn Leute da sind, so wie im vergangenen Jahr, sagen wir die Lesung ab. Was meinen Sie, Laura?«

Laura Walter fühlte sich betrogen und zur gleichen Zeit von großem Druck befreit. Ja, ja, natürlich, bei zehn Menschen im Publikum würde es keine Veranstaltung geben. Und daran hätte nicht sie die Schuld, sondern der Schneesturm, weshalb sie zum Hotel zurückkehren und innerhalb von drei Tagen die Stadt verlassen würde, ohne einen neuen Termin für die Veranstaltung. Auf unbestimmte Zeit verschoben, würde es heißen, wegen des Schneesturms. Große Erleichterung. Sie fühlte sich nicht mehr betrogen, sondern tief beglückt. Sie würde an diesem Abend einen weißen Sturm erleben und am nächsten Tag den Schatten vom Schnee, sie würde sich in das Halbdunkel des Hotelzimmers zurückziehen und schreiben, wie man schreibt, wenn man weit weg von Zuhause ist, allein, zwischen vier fremden Wänden, und der Lauf der Welt sich scheinbar dem Schreibenden nähert, um ihm sein innerstes Geheimnis anzuvertrauen. Mit diesem Gefühl der Erleichterung und hoffnungsfrohem Herzen folgte sie der Direktorin zum Auditorium. Da standen sie auch schon vor der Tür. Heraus kam ein junger Dozent mit ein paar Blättern Papier in der Hand und entschuldigte sich. Er solle ja die Einführung übernehmen, doch gleich danach müsse er sich verabschieden, denn er wohne in einem Vorort und die öffentlichen Verkehrsmittel würden bald ihren Betrieb einstellen. Für Laura Walter ein weiteres gutes Zeichen. Schade nur, dass sich im Raum nicht nur neun oder zehn Personen befanden, sondern dreizehn.

Also betraten die Direktorin, der junge Dozent und sie selbst das Podest, und noch im Stehen teilte die Direktorin mit, dass sich draußen ein Schneesturm ankündige. Sie drei stünden in jedem Fall bereit, die Veranstaltung wie geplant stattfinden zu lassen, aber die Anwesenden sollten sich frei entscheiden. Die Direktorin, die ebenfalls in einem Vorort wohnte, wollte damit, schon fast wieder im Gehen, offenbar anregen, dass alle nach Hause gingen und die Veranstaltung ausfallen ließen. Tatsächlich standen auch alle auf und machten Anstalten, den Raum zu verlassen. Ja, es war vernünftig, es war richtig seitens der Bibliotheksleitung, auch wenn es ihnen allen sehr leidtat, Miss Laura Walter nicht über das ungemein interessante Thema sprechen zu hören – *Wie viele sprechen in uns, wenn wir sprechen?* Schade, wirklich sehr, sehr schade. Und alle griffen nach ihren Mänteln und Mützen, um zu gehen. Nein, nicht alle. Ein Herr blieb sitzen. Ein Herr rührte sich nicht. Den Hut auf dem linken Knie abgelegt, den Mantel über der Sitzlehne, den Kopf mit der rechten Hand abgestützt, saß er da und rührte sich nicht.

»Wollen Sie bleiben?«, fragte die Direktorin auf Englisch.

Was dann folgte, war ein Dialog in der Landessprache. Ruhige Worte, gut begründet, ein Hin und Her, die Bibliothekarin lächelte, der Mann mit dem Hut rührte sich nicht, saß nur reglos da und sprach. Schließlich fasste die Direktorin immer noch lächelnd auf Englisch zusammen: »Wir haben hier ein Problem. Dieser Herr sagt, er sei vierhundertsechsundneunzig Kilometer weit gefahren, um Ihren Vortrag zu hören, obwohl er seit gestern wusste, dass ein Schneesturm kommen würde. Sagt er.

Er sagt, er habe viel Geld für die Fahrt ausgegeben, er habe den Eintritt bezahlt, er sitze hier und warte – als ein Leser, der seinen Anspruch gegenüber der Bibliothek geltend mache. Ich habe schon klargestellt, dass es im Fall einer Katastrophe keinen Anspruch auf Entschädigung gibt, doch dieser Herr sagt, es habe ja noch gar nicht angefangen zu schneien. Das heißt, wir haben hier eine heikle Situation. Was meinen Sie, Miss Walter?«

Laura Walter wurde unsicher, sie wusste nicht, was sie entscheiden oder überhaupt jetzt sagen solle. Der Dozent stand da, den Einführungstext in der Hand, die Aktentasche geöffnet, um die Blätter einzustecken. Die Bibliothekarin hatte die Arme verschränkt. Wie konnte man aus dieser Klemme herauskommen? Der renitente Mann rührte sich nicht. Da überlegte Laura Walter, dass ihr Hotel nur zwei Schritte von der Bibliothek entfernt lag, dass es jetzt erst angefangen hatte zu schneien, kleine Flocken wirbelten draußen vor der Fensterscheibe, und die absurde Vorstellung, im Auditorium vor einem einzigen Zuhörer zu sprechen, der mitten im Raum saß, den Hut auf dem linken Knie, den Kopf mit dem ziemlich zerzausten Haar in die rechte Hand gestützt, diese Vorstellung begann sie herauszufordern. Wenn sie zu lesen begänne, würde dieser Mann dann in seinen Sitz sinken und einschlafen? Oder handelte es sich um einen Exzentriker, der nichts anderes wollte, als den Anfang ihrer *speech* zu hören, um sich dann arrogant, wie nach einer verpatzten Prüfung, zu erheben, durch die Tür zu verschwinden und sie mit ihrem Text in der Hand stehen zu lassen? So oder so, sie wollte sich jetzt der Herausforderung stellen.

»Ich akzeptiere die Argumente des Herrn. Ich bleibe«, sagte Laura Walter und dachte, dass sie, die junge Schriftstellerin, da wohl ein Erlebnis der besonderen Art erwartete. »Falls jemand hierbleibt, um uns hinauszulassen, können natürlich auch Sie nach Hause fahren, um nicht in den Schneesturm zu kommen«, sagte sie zur Direktorin.

Daraufhin ging der junge Dozent zum Pult, den Blick ständig auf das große Fenster gerichtet, vor dem der Schnee bereits in dichten Flocken fiel, trug schnell die kurze Bibliographie von Laura Walter vor, steckte seine Papiere ein und verabschiedete sich. Die Direktorin ihrerseits entschuldigte sich, sie wollte in ihr Büro und zu Hause anrufen, wo zwei Kinder auf sie warteten, und die junge Schriftstellerin begann damit, ihren vierzig Minuten langen Vortrag über das Thema *Wie viele sprechen in uns, wenn wir sprechen?* in den leeren Raum hinein zu halten.

Es war, als richtete sie sich einzig an die leeren Sitze eines großen Auditoriums, denn die Gestalt des renitenten Mannes, der reglos den Kopf mit der rechten Hand stützte, sagte ihr nichts. Sehr merkwürdig. Sie sprach laut in einem leeren Raum, für niemanden. Laura Walter las, entwickelte ihre lyrische, mitunter epische Argumentation, der Schriftsteller spreche im Namen der Toten, die keine Stimme mehr haben, der Zeitgenossen, die keine Möglichkeit haben, sie zu erheben, der Kommenden, die noch keine Stimme haben, aber am Horizont als Erben der Gegenwart existieren, und plötzlich dachte sie, dass sie sich etwas vormachte, dass sie im Namen von niemandem und für niemanden schrieb, dass ihre Worte für immer innerhalb leerer hoher Mauern eingeschlossen bleiben würden. Das aber ging ihr nahe, denn was sie sagte, bedeutete das Gegenteil, sie sprach von Glanz und Ruhm. Da hielt sie inne, blickte zu den Fenstern und sah, dass sie weiß besprenkelt waren, sah eine helle Decke, die sich ohne Unterlass über die undurchdringliche Dunkelheit senkte. Sie überlegte, welche symbolische Bedeutung die Situation hatte, die Tatsache, dass sie von weither gekommen war, aus einer Gegend voller Licht, wo es nie schneite, um nun in einem leeren Auditorium zu niemandem zu sprechen. Auch ihre Bücher wären für nichts und niemanden nützlich. Das dachte sie jetzt, den Text ihres Vortrags in den Händen, und verstummte. Doch da hörte sie die Stimme des Mannes, der noch immer im Auditorium saß, auf Englisch sagen: »Keine Angst, Miss Laura Walter, hier ist ein Leser, Sie sind nicht allein. Warum sprechen Sie nicht weiter?«

Laura Walter nahm die restlichen Blätter vom Pult in die Hand und las. Sie las auf Bitten der Stimme eines renitenten Mannes, der dort saß, um ihr vorzugaukeln, sie spräche zu jemandem. Sie las und wusste dabei, dass sich Weiß auf die Kuppel der Bibliothek legte, auch auf die Brüstungen der großen Fenster, die Grünanlage davor, die Straße, womöglich hatte sich vor ihrem Hotel inzwischen so viel Schnee angehäuft, dass sie es nicht würde betreten können. Trotzdem las sie, rhythmisch, laut, als spräche sie zu einem Ganzen oder zu einem Nichts und als wäre das Nichts für sie das Ganze. Sie las bis zum Ende, hoffnungsvolle Worte, mit denen sie sich zur Sprecherin einer umfangreichen Gemeinde machte, dabei empfand sie in diesem Augenblick das genaue Gegenteil, und sie fühlte das starke Bedürfnis zu weinen, als sie den letzten Satz las und dann sagte: »Danke.« Sie schob die Blätter zusammen und wollte zu dem Tisch gehen, an dem ihre Sachen lagen, da sprach der Mann sie von seinem Platz aus an.

»Entschuldigen Sie, jetzt ist die Diskussion mit dem Publikum vorgesehen.«

»Es gibt kein Publikum«, sagte Laura Walter.

»Ich bin das Publikum, und ich möchte eine Frage stellen«, antwortete der Mann. »Ich habe Ihre drei Bücher aufmerksam gelesen, nicht im Original, versteht sich, aber ich habe gesehen, dass Sie in allen dreien einen Satz wiederholen. Und zwar den Satz: Je weiter ich mich von dem mir vertrauten Ort entferne, um so mehr bin ich bei mir selbst. Ist Ihnen diese Wiederholung bewusst? Was bedeutet dieser Satz für Sie?«

Laura Walter war perplex. Wie kam es, dass dieser seltsame Leser den innersten Kern ihres Schreibens entdeckt hatte, der auch der innerste Kern ihres Lebens war, und ihr unter diesen Umständen begegnete, an diesem Ort, während sich der Schnee an die Fensterscheiben heftete. Sie stammelte: »Das weiß ich nicht.«

Der Mann erwiderte: »Doch, doch, das wissen Sie so gut wie ich.«

Der Mann stand auf, zog seinen Mantel an, hängte sich seine Tasche über die Schulter und nahm seinen Filzhut in die linke Hand. Er kam zu dem Tisch, wo Laura Walter ihre Sachen zusammenpackte, und streckte ihr mit der rechten Hand drei Bücher entgegen. Originalausgaben ihrer Bücher. Er legte sie auf den Tisch. »Bitte signieren Sie mir alle drei. Wir werden sie aus dem Original übersetzen, also direkt aus Ihrer Sprache, so wie Sie sie geschrieben haben. Ich bin Ihr Verleger, gestern habe ich den Vertrag mit Ihrem Agenten unterschrieben. Aber Sie brauchen nicht meinen Namen zu schreiben, nur Ihren, hier, auf der ersten Seite. Und bitte mit Datum.«

Laura Walter war sprachlos.

Sie fühlte sich überrumpelt, kam sich belauert vor, empfand Scham, auch wenn sie nicht recht wusste, warum. Sie sah sich um, versuchte einzuschätzen, wie sie aufgetreten war, was während der Veranstaltung geschehen war, wollte es rekonstruieren, war dazu aber nicht in der Lage. Sie war wie gelähmt. Natürlich hätte sie sich denken können, dass er kein gewöhnlicher Leser war, als er ihr sagte, sie solle keine Angst haben und in ihrem Vortrag fortfahren. Mit unsicherer Hand setzte Laura Walter rasch ihren Namen auf die jeweils erste Seite der drei Bücher und blieb sitzen. Der Mann wirkte nun auch verlegen. Verlegen angesichts ihrer Verlegenheit, und zwischen ihnen die Tischplatte.

Er sagte: »Gehen wir, man will hier sicher abschließen.« Sie ging in den Flur. Das Büro der Direktorin hinten war geschlossen. Nur der Hausmeister kam an den Empfang und schloss ihnen die Haustür auf. Sie traten hinaus, vom Schnee umweht, der ihnen schräg entgegenkam, dichte weiße Flocken, ohne Unterlass, nahmen ihnen die Sicht. Er sagte: »Ich weiß, dass Sie drüben im Hotel untergebracht sind, ein kurzer Weg.« Er hatte sich den Hut aufgesetzt und ging zwischen den Bäumen voran, durch die Grünanlage, über die Straße, zum Hotel. Sie trat in den Hoteleingang, er fragte, ob er mit hineinkommen dürfe, um sich ein wenig zu unterhalten. Sie setzten sich, schwiegen. Dann sprachen sie. Sie sprachen bis zum Morgengrauen im Hotelfoyer.

Zwei Tage später waren die Straßen wieder passierbar. Sie fuhren 469 Kilometer bis zu einer anderen Stadt. Im Laufe der beiden letzten Jahre sind sie die Strecke mehrmals gefahren, die Protagonisten dieser Geschichte. Aber ich nenne nicht ihre Namen, sage nicht, wie sie heißen, die Städte, der wunderschöne See, die vierzehn Inseln, auf denen die Stadt mit der großartigen Bibliothek steht, oder das Meer. Ich beschreibe nicht die Skyline der Stadt mit den Türmen und runden Kuppeln, nenne auch nicht den Namen des Flughafens, über den Laura Walter und der einsame Leser eine Luftbrücke zwischen weit entfernten Breitengraden einrichteten. Ich kann es nicht und darf es nicht. Eines Tages wird man das alles, falls sie es erzählen wollen, von ihnen selbst erfahren, aber nicht von mir.

Aus dem Portugiesischen von
Karin von Schweder-Schreiner

Franz Keller

Meine Marie A. (die eigentlich Astrid hieß)

Es muss im Sommer 1965 gewesen sein. Ich war gerade mal fünfzehn, besuchte meinen Freund Florian in der Großstadt (und Freiburg war für mich damals die denkbar größte und aufregendste Stadt), ich ein Bub vom Kaiserstuhl, jung, neugierig und voller Lust aufs Leben, was immer das sein mochte. Florian und ich schlenderten durch die Straßen, gönnten uns da ein kleines Bier, dort eine Salzstange, viel Geld hatten wir ja beide nicht, drehten uns um, wenn uns ein schönes Mädchen passiert hatte, denn ihm direkt in die Augen zu schauen, haben wir uns nicht getraut. Und außerdem hätte ich das unserem Pfarrer daheim beichten müssen.

Ich weiß nicht mehr, auf welchen Wegen und Umwegen wir unterwegs waren, aber plötzlich standen wir vor und sogleich auch in einem winzig kleinen Buchladen, der mich – mein Freund hatte schon ein Bier zu viel – elektrisierte. Wohin man greifen konnte: linke Bücher, Werke von vielen Männern und einer Frau, alles Namen, die ich vor meinem Vater nie hätte aussprechen dürfen, Marx, Engels, Lenin, Landauer, Reich, Mao Tse-Tung, Rosa Luxemburg. Ich nahm die Bücher in die Hand, blätterte in ihnen, stieß auf interessante Überschriften, der Geist der bereits nahenden Rebellion umwehte mich und Florian, der neben mir stand und Augen nur für die Buchhändlerin hatte. Jetzt sah ich sie auch. Sie war gewiss, dachte ich, eine Enkelin von dieser Rosa Luxemburg und sprach auch, nachdem Florian sie irgendwas Belangloses gefragt hatte, nicht Badisch. Sie blickte mich an und auch ich fragte sie etwas, woher sie denn eigentlich komme. Aus Karlsruhe, sagte sie, aber eigentlich aus Köln, wo sie aufgewachsen und zur Schule gegangen sei. Ich weiß heute noch, dass ich aufgeregt war und plötzlich Gedanken hatte, die ich daheim ebenfalls hätte beichten müssen.

Danach ging ich, wann immer ich nach Freiburg durfte, um Florian zu besuchen (in Wirklichkeit war das Ziel meiner kleinen Reise vom Kaiserstuhl in die große Stadt die Buchhandlung, die vermutlich die kleine Vorgängerin der später dann legendären Buchhandlung *Jos Fritz* war, aber sicher bin ich mir da nicht), mit schnellen Schritten zu meinem Freund und dann, mit ihm, zur Buchhandlung, in der ich mir jedes Mal Lesestoff besorgte, um irgendwann als angehender Revolutionär die junge Buchhändlerin in ein Eiskaffee ihrer Wahl auszuführen.

Ach ja, ich muss bekennen, dass sie deutlich älter war als ich, was natürlich ein erhebliches Hindernis war, aber wer ein Rebell vom Kaiserstuhl werden will, sagte ich mir, muss kämpfen lernen. Und siegen lernen.

Und dann passierte es: Nicht ich hatte plötzlich eine Verabredung mit der jungen Buchhändlerin, sondern Florian, der eine Anthologie *Lyrik des Expressionismus* bei der Buchhandlung *Rombach*, glaube ich, gekauft hatte und vor ihr und mit seinen Kenntnissen über die Gedichte eines gewissen August Stramm auftrumpfte. Nun ja, er schlug der Dame vor meiner Nase einen Besuch im *Café Venezia* vor, und zwar für Freitag nach Ladenschluss. Seine Einladung – denn dass er sie einladen wollte, war nicht zu überhören – unterstrich er mit einer expressionistischen Geste.

Konsterniert nahm ich zur Kenntnis, dass der Freiburger Florian schneller als der Franz vom Dorf war, aber was sollte ich tun? Ich hatte ja noch gar keine Erfahrung mit Frauen – und dass ich verliebt war, spürte ich. Allerdings konnte ich das mich irritierende Gefühl nicht benennen. Also schwieg ich und schluckte. Und entwickelte einen Plan.

An besagtem Freitag machte ich mich am frühen Nachmittag auf den Weg nach Freiburg zu Florian, wie ich meiner Mutter Irma sagte, und schlich schon kurz nach 18 Uhr – viel zu früh – um das *Café Venezia* herum, ging aber immer wieder hinter Autos, Passanten und Verkehrsschildern in Deckung, damit mich keiner sehen konnte. Ich fühlte mich nicht ganz wohl als heimlicher Späher, aber ich wollte doch wissen, was passierte. Außerdem hatte ich ein Recht dazu, sagte ich mir, denn Florian hatte die junge Buchhändlerin nur durch mich kennengelernt. Ich war schließlich derjenige, der kürzlich als erster ihren Laden betreten hatte.

Da sah ich sie in einem rot gepunkteten Kleid, eine Schleife im Haar, sah, wie sie sich an einen freien Tisch der Eisdiele setzte, ein Buch aus ihrer Tasche nahm und zu lesen begann. So vergingen einige Minuten, eine Viertelstunde, aber wer nicht erschien, war Florian. Sie hatte bereits zwei ihrer drei Kugeln Eis weggelöffelt und schien nun etwas ungeduldig zu werden, da sie ihr Buch zur Seite gelegt und kurz hintereinander einige Male auf ihre Armbanduhr geguckt hatte. Also nahm ich allen Mut zusammen, ging aus meiner Deckung heraus, schlenderte die Straße entlang und stand plötzlich wie zufällig vor ihr. Sie lächelte mich an, ich lächelte zurück – und schon saß ich neben ihr.

Was dann passierte, erzähle ich nicht, es kann sich jeder denken, was er will. Von Florian war jedenfalls nicht die Rede, er tauchte auch nicht mehr auf. Sie sagte mir ihren Namen, Astrid, fügte freilich hinzu, dass sie sich Marie A. nennen würde nach jener *Marie A.*, die Bertolt Brecht in einem Gedicht verewigt hätte. Ich kannte das Gedicht nicht, von Brecht hatte ich in der Schule gehört, dass er ein übler und gefährlicher Kommunist gewesen sei, aber das war mir an diesem Freitag im Freiburger *Café Venezia* egal. Die Marie A., die mir gegenüber saß, war schön und klug, sie roch nach Himbeeren und hatte eine Stimme, die mich verzauberte.

Gut eine Stunde später begleitete ich sie nach Hause. Als wir in ihre Straße einbogen, bat sie mich, umzukehren und sie jetzt alleine zu lassen. Es fiel mir schwer – und doch auch nicht. Sie küsste mich leicht auf meine Nase und umarmte mich kurz. Ich drehte mich mannhaft um und machte mich rasch auf den Heimweg. Ich wusste, dass meine Mutter auf mich wartete, der ich nicht erzählen konnte, dass es mich erwischt hatte. Ich hätte damals wohl auch keine Worte dafür gefunden.

In diesem Sommer vor über fünfzig Jahren traf ich Marie A. noch einige Male. Meine Eltern wunderten sich, dass ich, um Mathe zu pauken, so oft nach Freiburg zu Florian fuhr, den ich tatsächlich nicht mehr sah, nachdem ich ihm gebeichtet hatte, was geschehen war. Er hatte sich an jenem Freitagnachmittag beim Fußballtraining verletzt und war, begleitet von zwei Mitspielern, zum Arzt gehumpelt, während ich ihn bei Marie A. vertreten hatte. Das hat er mir so krumm genommen, dass er fortan die Straßenseite wechselte, wenn ich ihm begegnet bin. Mir war es egal, denn ich hatte das wunderbarste Wesen weit und breit kennengelernt: Astrid, die Buchhändlerin, die sich Marie A. nannte.

Letztlich war meine erste Liebe nur von kurzer Dauer, ich war ein großes Kind und musste meinen Weg ins Leben finden, der mich bald nach Lyon, Paris und in die großen Städte der Welt führte. Ich wurde Koch und hatte einigen Erfolg, kam herum, landete mal da, mal dort, und lebe jetzt als Bauer auf meinem *Falkenhof* im Rheingau. Manchmal, wenn ich alleine mit meinen Tieren bin und sie mir zuhören, erzähle ich ihnen von meinen vielen Besuchen in vielen Buchhandlungen zwischen Hamburg und Zürich, München und Wien und davon, dass ich jene Marie A. von damals, die eigentlich Astrid hieß, noch lange gesucht und nicht mehr gefunden habe.

Jörg Thadeusz

Weißer Bademantel

Seit ich auch als Vorlesender unterwegs bin, weiß ich, warum sich Udo Jürgens am Ende seiner Konzerte einen weißen Bademantel angezogen hat. Ich weiß es, aber vor allem fühle ich es. Leute, ihr seid so reizend zu mir gewesen, jetzt lasst uns noch einen Moment zusammen wohnen. Das war Udos Gefühl. Genauso fühle ich es auch. Vielleicht war Udo Jürgens noch etwas berauschter, nachdem soeben fünftausend Menschen bei jedem seiner Takte und jeder seiner Silben mitgegangen waren. Letztlich alles nur Ziffern. Ob nun fünftausend Udo-Jürgens-Fans. Oder meine Leute. Und mir folgten immerhin einundsechzig Anwesende in der Stadtteilbibliothek von Hamburg-Othmarschen. Wobei der junge Mann nicht zählt, der in dieser Bücherei sein freiwilliges soziales Jahr macht, also anwesend sein musste. Der, während ich las, auch ein eigenes Buch als SMS in sein Telefon tippte. Der Buchhändler war zum Zuhören gezwungen. Er hatte mich eingeladen. Was er wahrscheinlich so schnell nicht mehr tun wird. Es sei ein schwieriger Abend, »wegen Fußball«, murmelte er, als das Publikum auch zehn Minuten vor der Lesung noch nicht wirklich strömte. Ein Europa-League-Spiel von Bayer Leverkusen gegen eine unaussprechliche osteuropäische Mannschaft. Klarer Fall von Hausarrest für das Hamburger Lesepublikum. Was zählt, ist die gute Absicht. Der Mann wollte trösten. Leider zeigte die Hausmeisterin noch auf die Sitzkissenlandschaft an der entlegensten Stelle des großen Raums. Selbst dort hätten sich die Zuhörer noch gestapelt, als Eckard von Hirschhausen hier war.

Es war bis hierhin trotzdem ein super Abend. Niemand war eingeschlafen. Höchstens Sekundenschlaf. Lacher, großer Applaus. Eitel wie ich bin, würde ich den am liebsten in Sekunden messen. Wie nach der Antrittsrede eines neuen Vorsitzenden bei einem Parteitag.

Der weiße Bademantel wäre für diejenigen, die das Buch signiert haben wollen, dennoch übertrieben.

Die erste Dame ist eine polnische Auswanderin, die sich wünscht, ich hätte mehr über meine polnische Heimat erzählt. Ich lächle und nicke anbiedernd. Denn allzu oft ist das Polentum in meiner Heimatstadt Dortmund nicht gefeiert worden. Der Zweite bedankt sich bei mir. Er sei Deutschlehrer und würde selbst schreiben. Wenn ich ein Buch zusammenbrächte, könne er das sicherlich auch, habe er sich während der Lesung überlegt.

Den nächsten Mann möchte ich beinahe fragen, ob wir gleich noch was trinken gehen wollen. Er ist eine schlanke Schrankwand. Genau der Typ Mann, den ich in der schlimmsten Situation, die ich mir vorstellen kann, gerne um mich hätte. Meine Handvoll echter Freunde fällt in genau diese Kategorie. Die Situation kenne ich aus dem Film *Der Soldat James Ryan*: Ich muss am 6. Juni 1944 auf einem Landungsboot auf die Küste der Normandie zufahren. Das Wasser des Ärmelkanals ist kalt. Mir ist vom Schaukeln des Bootes übel. Und an Land wird nichts besser, denn dort werden Nazis auf mich und die anderen schießen.

Wenn alles Minus ist, gibt es Männer, die trotzdem zum Plus in der Lage sind. Wie dieser Grizzly, der sich wünscht, dass ich »Für Simone« in das Buch schreibe. Ich setze den Stift an. Fest entschlossen, mir für den Herrn besonders viel Mühe zu machen.

»Ich gebe bis zum heutigen Tag nicht gerne Autogramme«, sagt eine Frauenstimme. Aber was für eine Stimme. Die soll mir ab sofort immer eine Gute-Nacht-Geschichte vorlesen. Sie soll fragen, wohin wir in den Urlaub fahren, und dann gleich den Ort bestimmen. Weil ich mit dieser Stimme überall hinfahre, das steht jetzt schon fest. Die Stimme kann auch alles andere sagen. Sie soll nur nicht mit dem Sprechen aufhören. Ich sehe auf und frage mich, wer noch gleich die biblische Gestalt war, die erstarrte, weil sie doch nicht hingucken sollte.

Vor mir steht eine Frau, an der man nicht vorbeileben kann. Es hat mit sechzehn nicht geklappt. Und dreißig Jahre später haut es immer noch nicht hin. Von Fotos weiß ich, wie sich Waschbeton zeigt, wenn sich mein Mund zum Lächeln öffnet. Im günstigen Fall. Im ungünstigen Fall, zum Beispiel nach Rotwein, ist es Waschbeton mit Tierblutspritzern. Sie lächelt und es funkelt Elfenbein.

Ich sollte mich jetzt besser wieder auf die Signatur im Buch konzentrieren. Aber warum, warum nur, soll ich das Deckblatt meines eigenen Buches angucken, nachdem ich gerade erst begonnen habe, diese Frau anzustarren? Sie lächelt nur noch leise. Ich möchte trotzdem nichts anderes ansehen. Ich sehe sie und augenblicklich alle anderen Situationen. Wie sie Windpocken hatte. Wir hatten alle Windpocken. Ich war davon auf eine Weise quasi-lepрös verschandelt, dass man mich in einem anderen Zeitalter zum Sterben an den Stadtrand geschleift hätte. Sie hat zu ihren Windpocken bestimmt Tennissocken getragen.

Mit dieser Frau könnte ich angetrunken auf einem Kleingartenfest um 2.31 Uhr zu *Macarena* tanzen, und es wäre wie *Somewhere over the Rainbow* an der Pazifikküste im Mondschein. Nur noch schöner. Natürlich werde ich abstreiten, *Macarena* nur zu kennen, wenn sie sich als Sopranistin der Hamburger Oper zu erkennen gibt. Oder als Kulturredakteurin der *Zeit*. Über Kultur können wir ja zum Glück ausführlich sprechen. Wenn der Ober im Restaurant *Grill* des Hotels *Vier Jahreszeiten* die Kerzen an unserem Tisch angezündet hat. Dann habe ich ihre Stimme für mich. Ich baue für sie ein Bett aus Fragen, damit sie sich genüsslich wälzen kann.

So werde ich das gewiss nicht sagen, denn wahrscheinlich mag sie pompöse Formulierungen nicht.

Mir müssen dann auch noch ganz rasch die Hamsterbacken abschmelzen und dichtes Haupthaar wachsen lassen. Denn ich muss im Halbdunkel mindestens rüberkommen wie der mondän melierte Richard Gere. Oder ist der zu sehr Neunziger für sie? Wie alt ist sie eigentlich? Und wem gibt sie Autogramme? Wahrscheinlich wirklich Sopranistin. Jetzt wird sie rot. Warum?

Ich starre doch zu sehr. Es erinnert sie an einen schlimmen Onkel, der sie auf Familienfesten immer so abscheulich auf ihr »Röckchen« angesprochen hat. Sie wird also vor Wut rot. Oder nicht? Spürt sie vielleicht auch was? Wenigstens ein bisschen?

Sieht sie uns auch vor sich? Tanzend? Arm in Arm an der Hafen-Silhouette entlang, zu einer ruhigen Melodie. Abschweifen, abheben, leicht sein. »Ich hätt' getanzt heut Nacht, die ganze Nacht, heut Nacht«, ist ihr auch nach diesem Lied aus *My Fair Lady* zumute?

»Mögen Sie Musik?«, fragt sie, und weil sie dabei schon wieder so lächelt, werde ich gleich einfach nur kurz »Britz« machen, wie eine Fliege, die auf das geladene Netz einer elektrischen Fliegenklatsche gerät.

»Ich liebe Musik«, dröhne ich, als wäre ich der Vorwegmarschierer einer Blaskapelle. Ich muss meinen Ton besser in den Griff bekommen. Sonst bescheinen die Kerzen im Hotelrestaurant nur meine einsame Depression.

»Meine Frau arbeitet bei einem Musiksender«, sagt der Mann, mit dem ich Frankreich befreien werde, sobald ich die Unterschrift in seinem Buch fertig habe.

»Ach wirklich? Und wo ist Ihre Frau?«, frage ich. Dabei lasse ich die Hinreißende nicht aus dem Blick. Denn mein Landungsbootkamerad wird Verständnis haben, dass ich vor unserem D-Day noch diese Frau in Venedig mit einem Heiratsantrag erneut zum Erröten bringen muss. Sollte ihr Venedig zu sehr Klischee sein, dann fahren wir in die Eifel. Da singen die Mönche im Kloster Maria Laach schon am frühen Morgen gregorianische Choräle. Danach frage ich sie, ob wir noch einmal gemeinsam Windpocken haben sollten.

Oder sind Choräle für sowas zu schwer? Des Guten zu viel, wie Sahne auf Schokolade?

Der Mann zeigt auf die Atemberaubende und sagt: »Das ist Simone«.

Immerhin fange ich nicht an zu heulen. Simone wird sehr rot. Zuckt mit den Achseln. Was heißt das? Heißt das was?

Der Ober im *Grill* hätte wahrscheinlich sowieso keinen Tisch mehr gehabt. Oder *My Fair Lady*. Ein ranziges Musical von werweißwann. Was hat das mit der Sehnsucht einer modernen Frau von heute zu tun? Keiner tanzt im Hafen. Ist letztlich auch nur ein Gewerbegebiet.

»Für Simone, lieben Sie wohl«, schreibe ich in das Buch.

Das Leben ist nicht gerecht. Aber schön.

Anthony McCarten

Zombie im Glück

Als ich das erste Mal nach München kam, war ich ein Zombie. Ich will das erklären. Es war 1993. Ich hatte eine kleine Rolle in einem Zombiefilm von Peter Jackson, der in München auf einem Splatterfilm-Festival lief. Der Star des Streifens war ein Freund von mir, und da ich einer der Tausenden von Untoten war, die er mit einem ganzen Arsenal von Kettensägen, Schwertern und Rasenmähern ins Jenseits befördert hatte, begleitete ich ihn.

Im Film, fand ich, hatte ich den Zombie ganz gut gespielt – ich hatte kaputt und irre und geil auf Fleisch ausgesehen –, und es war wohl ein Kompliment, dass niemand mich erkannte, als ich im Kino eintraf. Ich habe wenige Erinnerungen an diesen Besuch, außer dass die Münchener Einwohnerschaft hauptsächlich aus langhaarigen, ziemlich übergewichtigen jungen Männern in Lederjacken mit zusammengerollten, unter den Arm geklemmten Horrorzeitschriften zu bestehen schien.

Wie anders war das bei meiner nächsten München-Reise 2007. Ich war zu einer Lesung im Literaturhaus eingeladen – inzwischen war ich Romancier –, und jetzt wimmelte die Stadt nur so vor bleichen Intellektuellen, die über das Ende der Postmoderne und die Grenzen der Semantik debattierten. Was für eine Veränderung, und das Leben in der Alten Welt kam meinen neuweltlichen Augen prachtvoll und vielfältig und einfach nur großartig vor.

Doch es waren meine Besuche Nummer drei und vier, die mich am meisten beeindruckten und, von heute aus gesehen, sogar mein Leben veränderten.

In beiden Fällen war ich Gast in einem wunderschönen Buchladen in der Haidhausener Balanstraße – bei *Buch & Café Lentner*. Thomas, der Inhaber, veranstaltet abends ganz intime, bisweilen höchst passionierte Lesungen. Bis zu achtzig Leuten bietet er Platz, und bei meinem ersten Besuch war der Laden voll. Wunderbarerweise kommen – in diesen Zeiten digitaler Revolte – immer noch Leute, um Geschriebenes gesprochen zu hören. In anderen Ländern sind solche Veranstaltungen inzwischen so selten, dass man sie fast für ausgestorben erklären muss, doch in Deutschland lebt das Interesse weiterhin fort. Da ich praktisch kein Deutsch spreche, bin ich auf einen deutschen Schauspieler angewiesen, der meinen Text liest, den ich wiederum in den Vortragspausen auf Englisch kommentiere. An diesem Abend war mein Schauspieler im Verkehr stecken geblieben – irgendein Unfall auf dem Mittleren Ring – und so musste die Pressesprecherin meines Verlags die erste Lesung ihres Lebens übernehmen. Sie machte es grandios, und zwei Stunden später dankte ich dem Publikum fürs Kommen. Alle standen auf, einige verabschiedeten sich, andere warteten und wollten, dass ich Bücher signiere. Unter ihnen eine große, elegante, blonde Frau namens Eva.

Nun ist es nicht zu bestreiten, dass in der Regel erheblich mehr Frauen Autorenlesungen besuchen als Männer, und da sind meine Lesungen keine Ausnahme; oft ist das Publikum sogar zu hundert Prozent weiblich. Frauen sind fähig, sich an der Beschreibung eines Baumes im Herbst zu erfreuen. Männer müssen sehen, wie ein Auto explodiert. Später erfuhr ich, dass Eva mit drei Freundinnen zum *Café Lentner* gekommen war, die ihr geraten hatten, die beste Möglichkeit, eine unglückliche Liebe zu vergessen, und eine der besten Möglichkeiten, einen neuen Mann kennenzulernen, sei der Besuch einer Lesung. Abgesehen davon, wie verwunderlich ein solcher Rat in unserer heutigen Zeit ist, muss man sagen, dass eine Frau, die glaubt, sie könne bei einer Lesung einen Mann kennenlernen, hoffen sollte, dass der Autor männlich und zu haben ist.

Tatsache ist, dass für eine Frau die Aussicht, bei einer Lesung einen Mann kennenzulernen, nicht besonders gut ist. Für einen Mann hingegen ist es vergleichsweise einfach (und statistisch gesehen erheblich realistischer), bei einer Lesung eine Frau kennenzulernen, insbesondere wenn dieser Mann, von dem ich spreche, der Autor ist.

Eva ist Psychologin. Sie hat blaue Augen und perfekte Zähne. Bald wurde mir klar, dass die Deutschen ein großartiges Krankenversicherungssystem haben, und einem Ausländer kommen sie zahntechnisch überlegen vor. Wir wechselten ein paar Worte miteinander, ich signierte ein Buch für sie, und schließlich verschwand sie mit ihren Freundinnen und ihren blauen Augen und den perfekten Zähnen in die warme deutsche Nacht.

Als ich mit Thomas und meiner Begleiterin vom Verlag dann zu einer Pizzeria ging, kamen wir an einer Bar vorbei. Unter denen, die draußen standen und Rauchkringel in die feuchte Luft bliesen, waren Eva und ihre Freundinnen, alle mit einem riesigen Bierkrug in der Hand. Ich lud sie ein, uns zu begleiten, und sie sagten Ja; sie kämen nach, wenn sie ihr Bier getrunken hätten, was nach meiner Schätzung bei so vornehmen, sittsamen Damen etwa vierundfünfzig Minuten dauern mochte. Etwa drei Minuten später waren sie da.

Wir redeten, lachten, aßen, und irgendwann kam der Moment, an dem wir alle in irgendein Nachhause zu gehen und Versprechen einzuhalten hatten. Eva und ihre Freundinnen verabschiedeten sich zum zweiten Mal.

Zufälle müssen mit größter Entschiedenheit geplant werden.

Ja, ich habe ein sehr schlechtes Namensgedächtnis, und so spielte ich im Laufe der folgenden Monate in seltsamen Momenten ein-, zweimal mit dem Gedanken, den kleinen Buchladen in München anzurufen (wenn ich mich nur daran erinnert hätte, wie er hieß) und mit dem Inhaber zu sprechen (wobei ich so tun müsste, als hätte ich seinen Namen nicht vergessen) und ihn zu fragen, ob er noch wisse, wie die blonde Frau geheißen habe, mit der wir in jener Pizzeria zusammengesessen hätten, und ob er mir vielleicht zufällig auch sagen könne, wie man sie erreicht. Ich habe diesen Anruf nie gemacht. Ich entschied, dass er höchstwahrscheinlich diese Informationen sowieso nicht für mich hätte, und selbst wenn – er hätte es nicht verdient, dass ich ihn als internationale Dating-Agentur missbrauchte.

Schneller Vorlauf über die nächsten achtzehn Monate, eine Zeit meines Lebens voller Todesfälle und Trennungen, eine Zeit der Veränderung. Und schon bin ich wieder da, zurück im *Café Lentner*. Ein neues Buch. Eine neue Lesung. Der Laden voller wohlwollender, lächelnder Damen: Gott segne sie. Meine Lesung war zu Ende. Die Versammlung löste sich auf. Und dann: Zähne. Blondes Haar. Blaue Augen.

»Wir kennen uns«, sagte ich, für diesen Augenblick von Alzheimer geheilt.

»Ja. Ich bin Eva.«

»Ich weiß.«

Das war im Oktober 2008. Inzwischen sind Eva und ich ein Paar. Sie hat drei Kinder. Ich habe drei Kinder. Alle mögen sich, und alles ist so richtig gut. Zusammen sind wir keine Familie mehr, eher schon eine Kleinstadt. Heute halte ich München für mein Zuhause – oder zumindest für eines von vielen. Wenn ich nicht da bin, vermisse ich die

Abende am Ufer der Isar, wenn ich ein Glas Bier trinke, während die Studenten Gitarre spielen und das Lied aus *Frühstück bei Tiffany* in fast perfektem Englisch singen, und vermisse das Schnitzel beim *Ayinger* in der Blutenburgstraße oder den Tee an dem kleinen Platz in Haidhausen, dessen Namen keiner weiß (der aber tatsächlich Genoveva-Schauer-Platz heißt), wo die Tücher auf den Tischen vor der Vinothek mit Schüsseln voller Orangen beschwert werden, und vermisse einen sonntäglichen Ausflug zur Fraueninsel im Chiemsee mit einem gemieteten Boot oder den Obatzten, den man auf dem Viktualienmarkt kaufen kann. Die Liste ist unvollständig, solcherlei Listen sind immer unvollständig.

Als ich vor ein paar Wochen letztmals in München war, radelte ich am Abend an die Isar. Ich hatte gehört, dass es eine Art Kanal gibt, in dem wagemutige junge Männer und Frauen surfen. Ich kam an einem kleinen Studentenkino vorbei, wo Peter Jacksons alter Zombiefilm lief. Der Abend war zu schön, um einen Zombiefilm anzuschauen. Ich ging nicht ins Kino. Und ich kannte den Plot ja längst: Schreckliche Dinge geschehen, reihenweise werden Menschen gefressen, aber am Ende siegt die Liebe. Eine gute Story. Und eine wahre, wenn man Glück hat.

Aus dem Englischen von Rainer Weiss

Die Autoren

Sergio Bambaren, geboren 1960 in Peru, gelang mit *Der träumende Delphin* auf Anhieb ein internationaler Bestseller. Er gab seinen Ingenieurberuf auf und widmete sich fortan ganz dem Schreiben und seiner Leidenschaft für das Meer. Nach längerem Aufenthalt in Sydney lebt er heute wieder in Peru, engagiert sich für die Umweltschutzorganisation *Mundo Azul* und ist Präsident des Non-Profit-Unternehmens »Delphis«.

sbambaren.com

Eva Baronsky, 1968 geboren, lebt im Taunus. Für ihren überraschenden und sehr erfolgreichen Debütroman *Herr Mozart wacht auf* (2009) erhielt sie den Förderpreis des Friedrich-Hölderlin-Preises der Stadt Bad Homburg v. d. Höhe. Nach *Magnolienschlaf* (2011) erschien 2015 ihr dritter Roman *Manchmal rot.*

Artur Becker, geboren 1968 als Sohn polnisch-deutscher Eltern in Bartoszyce (Masuren), lebt seit 1985 in Deutschland, heute in Verden an der Aller. Er ist Romancier, Lyriker und Essayist.

Nach *Die Zeit der Stinte* (dtv 2006) und *Das Herz von Chopin* (Hoffmann und Campe 2006) veröffentlichte er 2008 *Wodka und Messer. Lied vom Ertrinken* bei weissbooks.w, zuletzt erschien dort der Hotelroman *Der unsterbliche Mr. Lindley*. Im

März 2009 erhielt Becker den Adelbert-von-Chamisso-Preis, im November 2012 folgte der DIALOG-Preis der Deutsch-Polnischen Gesellschaft Bundesverband e.V.

arturbecker.de

Claudia Brendler studierte klassische Gitarre, spielte in Bands von Punk bis Freejazz und ist Teil des Comedy-Duos *Queens of Spleens*. Sie hat bisher sechs Romane und zahlreiche Kurzgeschichten veröffentlicht. Claudia Brendler lebt und arbeitet in Frankfurt.

Renatus Deckert, geboren 1977 in Dresden, lebt in Lüneburg. Im Suhrkamp Verlag gab er *Das erste Buch* und *Die Nacht, in der die Mauer fiel* heraus. Weitere Bücher erschienen bei Insel und Wallstein. Zehn Jahre lang war er Herausgeber der Literaturzeitschrift *Lose Blätter*. Er publizierte u.a. in *Sinn und Form*, im *Merkur* und in *Akzente*. Zur Zeit schreibt er an seinem ersten Roman *Das Japanische Palais*. Er wurde mit dem Lessing-Förderpreis des Freistaates Sachsen und dem Hermann-Lenz-Stipendium ausgezeichnet.

renatus-deckert.de

Urs Faes, 1947 geboren, lebt und arbeitet in Zürich. Seine Werke wurden vielfach ausgezeichnet, u. a. mit dem Schweizerischen Schillerpreis. Seine Romane *Paarbildung* und *Halt auf Verlangen* standen auf der Shortlist für den Schweizer Buchpreis.

ursfaes.ch

Petra Hartlieb, geboren 1967 in München, ist in Oberösterreich aufgewachsen. Sie studierte Psychologie und Geschichte und arbeitete danach als Pressereferentin und Literaturkritikerin in Wien und Hamburg. 2004 übernahm sie mit ihrem Mann eine Wiener Traditionsbuchhandlung im Stadtteil Währing, heute *Hartliebs Bücher*. Davon erzählt ihr Bestseller *Meine wundervolle Buchhandlung* (DuMont 2014). Petra Hartlieb ist außerdem Autorin mehrerer Romane, zuletzt erschien *Wenn es Frühling wird in Wien* (DuMont 2018).
hartliebs.at

Lídia Jorge, geboren 1946, zählt mit Agustina Bessa-Luís, José Saramago und Antonio Lobo Antunes zu den bedeutenden Autoren Portugals. Zuletzt erschienen die Romane *Die Küste des Raunens* (1993), *Paradies ohne Grenzen* (1997) und *Die Decke des Soldaten* (2000), sowie die Erzählung *Eine Liebe* (1998).
lidiajorge.com

Franz Keller, geboren 1950 in Freiburg im Breisgau, gehört zu den renommiertesten Sterneköchen in Deutschland. 2018 erschien sein Buch *Vom Einfachen das Beste.* Auf seinem Falkenhof im Wispertal lebt Franz Keller heute seinen Traum vom Kochen als Genusshandwerk.
franzkeller.de

Anthony McCarten wurde 1961 im neuseeländischen New Plymouth am Fuß des Mount Taranaki geboren. Mit seinem Freund, dem *Herr der Rin-*

ge-Drehbuchautor Stephen Sinclair, verfasste er das weltweit erfolgreiche Theaterstück *Ladies' Night* über strippende Arbeitslose. McCarten hat bisher fünf Romane geschrieben, darunter *Superhero* und *Ganz normale Helden*. Er lebt in Los Angeles und in England.

Perikles Monioudis, 1966 in Glarus / Schweiz geboren, studierte Soziologie in Zürich, wo er auch heute lebt. Zu seinen zwanzig literarischen Büchern gehören die Romane *Eis*, *Deutschlandflug*, *Palladium*, *Land* und zuletzt *Frederick*. Von 1995 bis 2007 lebte Monioudis in Berlin. Er wurde u.a. mit dem Conrad-Ferdinand-Meyer-Preis und dem Preis des Schweizerischen Schriftstellerverbands ausgezeichnet.
monioudis.ch

Titus Müller, geboren 1977, studierte Literatur, Mittelalterliche Geschichte, Publizistik und Kommunikationswissenschaften. Mit 21 Jahren gründete er die Literaturzeitschrift *Federwelt*. Seine historischen Romane begeistern viele Leser. Titus Müller ist Mitglied des PEN-Club und wurde u.a. mit dem C. S.-Lewis-Preis und dem Sir-Walter-Scott-Preis ausgezeichnet.
titusmueller.de

Jörg Thadeusz, geboren 1968, ist Journalist, Moderator und Autor. Für seine Außenreportagen bei *Zimmer frei* erhielt er den Grimme-Preis. Er moderiert die Gesprächssendung *Thadeusz* sowie *Tha-*

deusz und die Beobachter und mehrere Sendungen im RBB-Radio. Bei Kiepenheuer & Witsch erschienen von ihm: *Rette mich ein bisschen*, 2003; *Alles schön*, 2004; *Aufforderung zum Tanz* (gemeinsam mit Christine Westermann), 2008; *Die Sopranistin*, 2011 sowie *Die vereinigten Zutaten von Amerika*, 2012 (gemeinsam mit Anna Engelke).

Die Herausgeber

Martina Bollinger, seit 33 Jahren Buchhändlerin aus Leidenschaft und mit Leidenschaft, von 1989–1992 führte sie die kleinste Buchhandlung Deutschlands auf der Insel Amrum, war 13 Jahre Vertreterin der S. Fischer Verlage und ist seit 13 Jahren Inhaberin der Buchhandlung Bollinger in Oberursel und seit August 2017 der F.Supp's Buchhandlung in Bad Homburg. Martina Bollinger hat einen Sohn, Martin, ist geschieden und frisch verliebt.

Rainer Weiss, geboren 1949, schloss ein Studium der Literaturwissenschaft und Philosophie in Heidelberg und München mit Promotion ab. Arbeit als freier Werbetexter. 1978–1984 Piper Verlag (München): Leiter der Werbeabteilung, Lektor, Herausgeber der Literaturzeitschrift »Litfass«. 1985–2006 Suhrkamp und Insel Verlag: Lektor, Leiter des Theaterverlags, Leiter der Presseabteilung, Leiter des Jüdischen Verlags, zuletzt Programmgeschäftsführer. 2008 gründete er, gemeinsam mit Anya Schutzbach, den Frankfurter Independent Verlag weissbooks.w.

Martina Bollinger / Rainer Weiss (Hgg.)
Zwischen den Büchern.
Wie mich die Liebe
in der Buchhandlung traf
Lauter wahre Geschichten

Konzept Design
Gottschalk+Ash Int'l

Umschlaggestaltung
Julia Borgwardt, borgwardt design
unter Verwendung eines Fotos von
© Demi Chen

Satz
Publikations Atelier, Dreieich

Druck und Bindung
Kösel GmbH & Co. KG, Altusried-Krugzell
Printed in Germany
Erste Auflage 2018
ISBN 978-3-86337-173-9

Dieses Buch ist auch als eBook erhältlich
ISBN 978-3-86337-145-6

weissbooks.com

Dieses Buch wurde auf FSC®-zertifiziertem Papier gedruckt. FSC® (Forest Stewardship Council) ist eine nichtstaatliche, gemeinnützige Organisation, die sich für eine ökologische und sozialverantwortliche Nutzung der Wälder unserer Erde einsetzt.

FSC
www.fsc.org
MIX
Papier aus verantwortungsvollen Quellen
FSC® C013736